佐藤正範 編著

オンライン授業ガイド

70の事例でわかる・できる！

小学校

JN017639

明治図書

まえがき

　本書を手にされた方は，「オンライン授業」に対してどのようなイメージをお持ちだろうか。

　"GIGA スクール構想" が2019年12月に閣議決定され，全国の全ての児童に PC が付与されることが決まった。その数か月後，いよいよ新年度というタイミングで，新型コロナウイルスの流行によって学校は "長期休校" を強いられることとなった。本書を語るうえで "GIGA スクール構想" と "長期休校" は外せないキーワードである。

　長期休校の間，教師だけでなく子どもたちもご家族も，これまでに経験したことのない学習環境と向き合うことになった。

　教室が使えないのだ。

　正確に言えば，一斉授業ができないのである。普段通りの子どもたちの登校が叶わない状況の中，教師は「家庭と学校を繋ぎ，学びを保証するための方法」を模索しながら，新しいチャレンジを始めたのである。「オンライン朝会をやってみた。」「HP のサーバーに課題を置いてダウンロードできるようにした。」「動画素材を撮影して家庭に配信した。」等，各学校での新しいチャレンジは，インターネットを介して瞬時に全国に伝わり，「自分たちもやってみよう！」と実践が広がる状況となった。

　私が勤める東京学芸大学附属竹早小学校では，休校対応が始まってすぐに職員会議をオンライン化した。職場は，（子どもたちのための）教員のチャレンジを後押しする環境があり，私自身も，同僚の先生方も手探りで「オン

ライン授業」にチャレンジすることができた。それでも，「自分たちのやり方は大丈夫なのだろうか？」「もっといろいろな取り組みが知りたい」「共有が限られた範囲である」という，情報への欲求を日々感じていた。そこで，有志の先生方とオンライン勉強会【STEMersFES 特別編オンライン勉強会「休校でも学びを止めるな！」】を開催し，最先端でチャレンジしている先生方にご登壇いただいたことで，未知の取り組み「オンライン授業」の全貌が具体的な実例を通して捉えることができたのである。本書は，【STEMersFES】，先生方からの「オンライン授業をどうやれば？」「実践を共有してほしい」という声がきっかけとなり書籍化に至った。

　本書の目玉は間違いなく"実践例"である。「オンライン授業」のパイオニアの先生方に「熱い想い」と「過去に例がないチャレンジ・実践報告・アイデア」を執筆いただき，当初の予定を大幅に超える70の項目の実践集となった。学校教育の歴史の中でも大きなマイルストーンとなるタイミングで本書を出版できたことは奇跡的である。執筆のお願いにご快諾いただいた先生方へ心から感謝をしたい。

　先生方の熱い想いが詰まった本書は，「オンライン授業」「学校」「教育」に対して，ポジティブに捉え直すきっかけになるであろうし，子どもたちの学びをより主体的なものにするためのヒントが詰まっている。

　休校対応をしのぐためではなく，これからの新しい学校教育を考える時にいつでも先生方の支えとなる本になってほしいという願いを込めて綴った本書をぜひ手に取って，「新しい学び」の扉をともに開いていただきたい。

2020年7月
　　東京学芸大学附属竹早小学校教諭 / 東京学芸大こども未来研究所学術フェロー
　　　　　　　　　　　　　　　　　　　　　　　　　　　　　佐藤正範

CONTENTS

第**5**章　オンライン授業をステップアップしよう　142

1 オンライン授業を紐解く

「オンライン」が当たり前に

オンライン授業について注目が集まっている。丁寧に解釈すれば，オンライン授業は「コンピュータネットワークを活用した授業」と言い直す事ができる。近年はインターネットの普及率も高まり，ネットワーク上の情報へはPCだけでなくスマートフォンなどでも簡単にアクセスできるようになっている。日々，新しい技術が生まれ，インターネットに接続する端末も操作が簡単で便利な機種が作られ，ネット上のコンテンツも文字情報を並べたものだけでなく，大データの動画配信も一般的になっているように，インターネットは日常生活を支えるインフラとして当たり前のものになり，「オンライン」のコミュニケーションも特別なものではなくなっている。

実は昔からあった学校でのオンライン活用

では，学校現場に目を向けると，黒板とチョークによる一斉授業が，戦後から変わらずにスタンダードである。だが，コンピュータが普及する中で，僅かではあるが，学校教育でオンライン授業に挑戦した事例があった。

アナライザー

1980年代後半，当時はコンピュータの性能も，ネットワーク環境も貧弱な中での学校教育での先人の実践は，手探りの挑戦だったと言える。また，コンピュータを扱う専門性の高さから，その取り組みは時に批判され，学術的にも表舞台に出る事は難しかったと言える。だが，そのわずかな先行研究に

は，今にも通じる大きな示唆があった。それは，**コンピュータを使うコミュニケーションは，デジタル信号の特性である大量の情報を正確に扱える良さがあり，学習効果に寄与できたという事**である。写真のアナライザーは子どもたちの判断を教員が手元の端末で把握できる装置で，現在のオンライン授業を行うときに使われるツールに通じるものであった。

学校でのコンピュータの活用が推進されるきっかけ

高度経済成長期，専門教育として工業高校などでコンピュータを扱う授業が導入され，メディアを媒介した教育を行う視聴覚教室などが整備された。そして，義務教育段階ではじめてコンピュータを扱う内容が明記された1989年（平成元年）告示の学習指導要領には中学校技術・家庭の選択領域に「コンピュータの操作等を通して，その役割と機能について理解させ，情報を適切に活用する基礎的な能力を養う」ことを目標とした「情報基礎」が設定された。その後の改訂では小学校でICT活用が明記され，新学習指導要領では学習の基盤となる資質能力の1つ「情報活用能力」にICT活用やプログラミング教育が位置づけられた。近年はICTが非常に重要な役割を担うこととなってきたと言える。

ICTが重要な位置づけになったのは，OECDの学力調査に情報活用やICT活用が入り，国の指針としてSociety 5.0を見据えた人材育成を推進する方向性が示された事が大きい。文部科学省から「GIGAスクール構想」としてすべての児童生徒用のPCを設置するという施策が出された事や，そして，長期の休校対応によってICTやオンライン対応が一気に必要な道具となった事は学校教育に求められていたICTの意義が顕在化するきっかけとなった。

オンライン授業の時間共有とコミュニケーション方向性

オンライン授業の時間共有［同期］［非同期］型による分類

　オンライン授業を考えるとき，［同期］［非同期］という分類が考えられる。先生の発問に対し，子どもがリアルタイムでレスポンスできる活動形態は，先生と子どもが同じタイミングで活動を進める「同期型」と言える。また，先生が課題をファイルサーバーなどに置き，違うタイミングで子どもたちがダウンロードして取り組み，完成した課題を提出用サーバーにアップロードをするような，先生と子どもの行動に時間的な差がある方法は「非同期型」と言える。また，同期・非同期を組み合わせる方法も注目されている。

コミュニケーションの方向性［双方向］［一方向］型による分類

　オンライン授業のコミュニケーションで，Zoom 等のオンライン会議ソフトを使って「教室で行うような先生と生徒の声と内容が行き交う」形は［双方向］的と言え，また，録画した授業風景を好きなタイミングで観て学ぶような受動的な方法は［一方向］的と言える。それぞれの方法の区別として，先生も子どもたちも交流しながら進む形式は「双方向型」と言える

英語 ALT の発音時の口元を確認できるよう Zoom を活用した双方向・同期型の事例

Fripgrid　非同期で動画をアップし合うことで一方向型が組み合わさり双方向型になる事例

※上記の分類は一般的な使用方法における分類例である。

新しい学びの形つくる

新しいコミュニケーションの方法をつくっていく立場に立つ

オンライン授業は児童生徒の実態や，扱う授業内容によって，柔軟に選択したり，オンラインとオフライン（教室での活動）を組み合わせる形態で取り組んだり，子どもの学びを最大化する工夫が求められる。小学校におけるオンライン授業はまだ黎明期と言え，学校の先生方は黒板の前で行う一斉授業をベースにした方法を狙いがちだが，「オンライン授業だからこそできることは何だろう？」という立場に立ち，先生方が楽しみながら，よりよい教育活動を支えられる新しいコミュニケーションの方法を模索してほしい。

ICT活用と科学的理解の両輪を回して情報活用能力を育成する

筆者は各学校や自治体から「Zoomを小学校でどう使ったらよいか？」と相談を受けるが，「子どもたちの管理ソフトではない。」という話をする。オンライン授業が包含されるICT活用は，学習指導要領の資質・能力「情報活用能力」の中に位置づけられ，科学的理解という面で活動の「目的」になる。具体的には，ICT活用はコンピュータを活用して各教科の学びをよりよくする「活用」的な側面と，コンピュータやネットワークなどを科学的に理解していく「理解」の目的となる側面がある。「活用」と「理解」をつなぐ「プログラミング教育」を含め，ICT活用を「学びの総体」として動かす視点をもてると，オンライン会議ソフト自体やコンピュータが「道具」から「内容」になり，子どもたちの活動の幅が大きく広がるはずである。

（佐藤正範）

2 オンライン授業を支える環境的・人的な準備を整える

最初のハードルは家庭の Web 環境

オンライン授業がホットワードになり，各学校や自治体で様々なコンテンツづくりなどが行われている。

そこで最初に問題となるのが，家庭ごとの受信環境が違うことである。行政の支援などを活用しながら，Web 受信環境を整える場合，以下の要素がそろっていることが求められる。

A：通信機器的要素
　・インターネット回線　・受信デバイス（パソコン・スマートフォン等）
B：時間的要素
　・子どもの参加時に保護者が付き添える時間設定と協力体制
C：技術的要素
　・コンピュータの操作スキル（子ども）
　・アカウント設定スキル（保護者）
　・補助スキル（保護者）

学校側では，上記 ABC の要素に加えて，以下を押さえておく必要がある。

目標設定
　・オンライン授業で行う活動が目指す方向性（地域・学校・学年の単位で）の情報のシェア
　・教員それぞれで取り組んでいることの情報共有
　・教員それぞれの技術的スキルが伝授される仕組みづくり

・実施したオンライン授業の振り返り

・役割分担と成果物の子どもたちが利用しやすい仕組みづくり

まずは学校も家庭も「ペース」をつくることから

　オンライン授業は，場所を問わず子どもたちの学びの機会を生み出すことが可能である。しかし，課題を共有して提出日を設定するような場合は，取り組むタイミングは子どもたちに任せることになる。また，急に双方向のWeb授業を設定して告知をしたとしても，各家庭の都合で参加できない場合がある。ここで大切になるのが「ペース」である。休校期間中の保護者アンケートでは「生活のリズムが崩れた」ことを心配する保護者の声が多く寄せられていたが，オンライン授業をいつも同じ曜日の同じ時間に設定すると，大体の家庭は予定を考慮し「授業の日時」を当然のように確保してくれるようになる。保護者が付き添うという意味では，午前9時頃かあるいは夕方5時頃の設定が喜ばれ，参加率も高い状況だった。

　また，同期的な対面のWeb教室だけでなく，課題を自分たちで取り組むような非同期の活動も，課題提示と提出のペースを一定に保つことで，子どもたちの学習のリズムや生活のリズムを整える一助となるようであった（例：課題は金曜日に出し，提出は次の木曜日までなど）。

学校の発信と合わせて受信を大切にする

　学校と家庭のオンライン授業の環境を作るとき，最初に学校からの発信ができる環境（Google Drive 等）が整備されることが多い。時間をかけることなく，家庭ごとの環境の違いや，子どもたちの様子などの情報を積極的に受け取るための「受信」の仕組みを整えることで，より実態に合ったオンライン授業を提供できるはずである。

（佐藤正範）

3 オンライン授業に伴う心身への影響とサポート

「オンライン」の便利さの裏側にある子供の健康への影響

　Society 5.0時代を生きる子供たちを見据え，学校ではGIGAスクール構想が展開され始めた。そこには「子供たち一人ひとりに個別最適化され，創造性を育む教育ICT環境の実現[1]」という大きな目標があり，子供の学びにも，その先にある社会においても「ICTは避けては通れない」存在である。

　子供の心身の発達から見て10歳以降の思春期，即ち知的な刺激が最も発達する時期においては，本や人との会話から得られる情報量よりもオンラインで得られる情報の方が，はるかに膨大かつスピードを持ってインプットされる。このこと自体は，子供の学習面においてとてもプラスになることである。しかし健康面への影響も無視できない。例えば裸眼視力の低下（近視）の環境的な因子として「小さいものを長時間見ている」ことがゲームやICT機器を使うことに共通しているところである。成長過程にある子供だからこそ，身体面のケアも気にかけなければならない。

気になる心身への影響—小学生の調査から—

　2020年3月，新型コロナウイルス感染症拡大の影響を受け，筆者の勤務する小学校は臨時休業となった。この期間に6年生児童を対象とした健康面や家庭でのオンライン学習について Microsoft Forms を活用したアンケートを実施した（図1）。主な内容は，健康度，食事，運動および睡眠

図1　健康観察オンラインフォーム

時間，心身の状態，その他気になることの6項目。この調査で目の疲れを心配する回答が多く挙げられた。オンライン授業には同期型・非同期型があるが，長時間同じ姿勢で，光を浴びるという環境を改善する必要がある。

オンライン学習―子供が求めているもの―

臨時休業中オンライン学習に参加した子供のアンケートでは「学校が臨時休業になって嫌だと思ったこと，不安に思っていること」という質問では人や活動が遮断された辛さが挙げられた。次に「Teams でクラスの人，先生とつながることはどうですか」という質問で

図2 Teams について（テキストマイニング）

は繋がりだけでなく，日常生活ではあまり話をしない異性と会話ができたなどの良さが顕著であった（図2）。オンライン学習で「つながり」は大事なテーマになるのではないだろうか。

これからのオンライン学習における心身のサポート

オンライン学習で長時間光の強い画面を近距離で見続ける環境においては「環境因子のリスクを下げる」ことが必要である。眼球の運動，全身のストレッチ，姿勢の保持，運動量・機会の確保などへの働きかけは欠かせないことであろう。また心身の健康状態を画面越しの文字情報だけで見とることは困難である。教師とのチャット，オンライン面談など学習以外で「子供が一対一で話しやすい，相談しやすい」環境を整え，オンライン学習をしながらも，心身の健康を保持・改善する体験を通し，生涯に渡って自分で健康を維持できる力を身につけてほしいと願っている。　　　　　　　　　（佐藤牧子）

(1) GIGA スクール構想の実現について https://www.mext.go.jp/a_menu/other/index_00001.htm

4 長期休校中の児童の健康観察 WEB 調査の評価と課題

休校中の子どもたちの様子をみる手立て

2020年3月，新型コロナウイルス感染症拡大の影響を受け，筆者の勤務する小学校も臨時休校となった。急な対応で保健室として発信できたことは，検温カードの HP 上での配布と新型コロナウィルスに関する情報の発信であった。休校による子どもや保護者との大きな距離がある中，保健室として子どもたちの心身の健康に関わり，現状で学校を安全で安心な場所とするのかについて，附属小金井小学校の佐藤牧子先生が実践されていた，保護者向け WEB フォーム（Microsoft Forms）を運用することで情報共有を図った。

健康観察 WEB 調査の周知方法

4月21日の文科省の「臨時休校の保障等」の通知直後であり，WEB フォームを活用した「健康観察」は，教職員間での情報共有は図れたが，課題は保護者への周知であった。本校では，毎週に各学

2020年5月1日から5月5日まで
第2回健康観察web調査
新型コロナウイルス予防のための長期休校が続いており，保護者のみなさまには，ご心配・ご負担をおかけしています。4月21日に文科省から健康観察についての通知が来ました。それを受けまして，休校中のお子さんの様子について，毎週，1回程度，webでの健康観察調査を行います。お手数ですが，以下の URL または，QR コードより記入をお願いいたします。

期間：5月1日から5月5日　この期間に必ず1回は記入ください。

図1　保健だより

年の共有フォルダ上で新しい課題が更新され，子どもや保護者がパソコンやスマホなどからアクセスしていたが，全員の子どもや保護者が課題を確認できていなかったため，周知方法は，保健だより（図1）と担任の先生方の学年通信に WEB 版健康観察アンケートの URL の掲載となった。

健康観察 WEB 調査の結果と課題

回答があった半数の保護者から，自由記述（任意）での子どもたちの様子や心配，不安を読み取ることができ，各担任や専科教員と共有することができた。教員間で共有することで，回答のなかった保護者への電話でのアプローチや個別の対応をするための資料となった。

期間：2020年4月24日（金）
　　　から4月28日（火）
対象：全校児童407名の保護者
　　　第1回目の回収率65%
健康観察WEB調査項目（右表）

今後の展開

　第1回の健康観察WEB調査の課題と成果から，保健室からのフィードバックの方法の検討を行い，保健だよりに電子媒体の形式を採用することとした。保護者の使用する電子機器でも親しみやすい形式にするとともに学年だよりなどにも調査URLを掲載するといった工夫をした。保健だよりの内容については，前回の調査の結果について視覚的にグラフ化（図2）したり，保護者がテキスト入力した「お子さんの心身の健康面で気になること」について，専門的な情報を提供したりするとともに保護者の困り事に寄り添うことを意識して発信をした。今後，週1回ペースでの調査を継続し，その結果を教職員，ご家庭と共有していきたい。

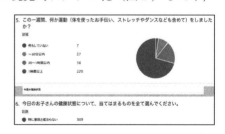

図2　調査の結果について

い。また，日々変化する社会状況と子ども達の心身の状況を把握することで必要な手立てを発信していけるよう，情報環境の整備をするとともに，子どもたちが笑顔で安全に学校に来ることができる準備をしていきたい。

（田岡朋子）

ハードウェア面

5　コンピュータとインターネット環境を整えよう

インターネットが快適に使えるコンピュータが必要

　学校と家庭をつなぐためには，インターネットが快適に使えるコンピュータが必要である。文部科学省の GIGA スクール構想で提示された PC の標準仕様案があるが，Zoom などを使った双方向の Web 授業をしながら，感想を入力するような複数のアプリケーションを同時に使用する場合には，標準仕様のスペックでは動作不安定になる可能性が高く，不安が残る。そこで，オンライン授業をスムーズに進めていくための最低限必要なスペックを提示する。特に双方向的な内容を実施する時の先生側は多くの子どもたちと通信をするためにより高いコンピュータの性能が求められる。

学校（送信ホスト側）	家庭（受信側）
CPU　Intel Core i5（4 コア）以上	CPU　Intel Core i3（2 コア）以上
メモリ　8 GB 以上	メモリ　8 GB 以上
ストレージ　128GB 以上	ストレージ　128GB 以上

※ストレージは OS のアップデート等に対応させるために，常時35GB 程度の空き容量を確保しておく事が推奨されている。

インターネットの通信速度

　学校のホスト側　アップロード・ダウンロード共に最低10Mbps/sec
　家庭の受信側　　アップロード・ダウンロード共に最低 5 Mbps/sec
　上記程度の通信速度があれば大体の活動は快適に実施することができる。インターネット検索で「スピードテスト」を検索頂き，通信速度を計測して確認することをお勧めする。

あると便利になる関連グッズ

イヤホンと外部マイク

音声でコミュニケーションをとるときにはコンピュータについているスピーカーとマイクを使うと，音データが増幅される「ハウリング」を起こしてしまう可能性がある。イヤホンをするだけでハウリングは十分に防ぐことができる。外部マイクを用意することで余計な環境音を防ぐことができる。

ここにマイクがついています

マイク付きステレオイヤホン
MM-HS706BK サンワサプライ

サブディスプレイ

ご使用の PC に外部ディスプレイを接続することで，配信用ソフトと，ブラウザを同時に使ったり，スライドを共有するときなどに，ウインドウを分けて表示することで，全体の状況を把握しやすくなる。

スマートフォン

Web 教室の実施時に，子どもたち側ではどのように表示されているのかを，スマートフォンを子ども側として接続することで確認することができる。

各家庭の環境を整える＋整わない家庭への配慮

学校の環境だけでなく，各家庭の環境を整えることは大きなハードルである。自治体や学校単位で環境整備を進める必要があるが，どうしても環境が整えられない場合は，プリント等で活動を共有するなどの配慮が必要となる。この部分がオンライン授業で一番のハードルと言えるかもしれない。

（佐藤正範）

6 オンライン授業を支える道具を使いこなそう

Web カメラ（写真：CMS-V41BK サンワサプライ）

　オンライン授業で双方向の活動を実施する場合に使うのが Web カメラ。PC に元々ついているものは性能が低い場合があり，外付けの Web カメラを使うと，綺麗で臨場感ある配信をすることができる。また，オンラインで体育的な活動をする時には体全体を映す必要があり，カメラの位置と体の位置を離すか「広角」のカメラを用意するとよい。

スマートフォン

　最近のスマートフォンは写真素材や動画素材を撮影するデバイスとして，多機能になっている。スローモーションの撮影や，アプリで写真や動画も編集でき，Web カメラ用アプリをインストールすることで，無線で PC と繋がり Web カメラとして動作させることができる。

Android/iOS 用アプリ
「iVCam コンピュータカメラ」

指向性マイクロホン（写真：MM-MCUSB25 サンワサプライ）

　動画素材などを作成するときに，周囲の環境音を拾わずに，声のみを録音するためには「指向性マイク」を使うのがよい。パソコン内蔵のマイクに比べて，クリアに話す声のみを録音することができる。

ウェアラブルカメラ（写真：GoPro HERO 8 BLACK）

身に着けて撮影するためのウェアラブルカメ
ラは小型軽量で広角レンズを採用しており迫力
ある動画素材を撮影することができる。また，
多くの機種は手振れ補正機能もあり，激しい運
動中の撮影でも全くゆれを感じさせないスムー
ズな映像を記録することが可能。Webカメラとしても使える機種もある。

ステレオ XY ハンディレコーダー（写真：ZOOM H 1 n）

PCについているマイクやイヤホンのマイクは一方向のモノ
なるマイクが採用されていることが多い。ステレオマイクは左
右からの音を録音できるので，臨場感ある音を素材にすること
ができ，楽器の演奏や，環境の音などを，臨場感あるデータと
して録音ができる。また，小さな音から大きな音まで幅広い音
に対応した性能をもつので，録音された大きな音がマイクの性
能を超える事でバリバリした音になる「音割れ」を防ぐことも可能。

適度な大きさのデータを扱う事が重要

写真のデータや動画のデータはそれぞれサイズをもつ。PCの画面に映す
だけであれば，大きな画像データは不要で，４Kビデオ素材はオンライン
での再生が難しい。オンラインで使用する動画素材は「720p（1280×720）」
もあれば十分で，逆に大きなデータだと，パケットを多く消費したり，ダウ
ンロードに時間がかかってしまったりするなど，扱いが難しくなるので適度
な解像度で撮影する設定にしておくことがポイントとなる。　　（佐藤正範）

7 OS を確認し子ども用アカウントをつくろう

OS 別コンピュータの特徴

　オンライン授業のソフトは大体がマルチ OS 対応なので，ある程度の性能のパソコンと通信環境があれば，オンライン授業の実施は可能である。

OS 名	Windows	MacOS	iOS	ChromeOS
メーカー	Microsoft	Apple	Apple	Google
マシン呼称	Windows PC	Mac	iPad　iPhone	Chromebook
ファイル共有	OneDrive	iCloud	iCloud	Google Drive
ソフトの豊富さ	◎	○	△ AppStore アプリ	△ Google アプリ
文章作成ソフト	Word	Pages	Pages	Google Docs
スライド作成ソフト	PowerPoint	Keynote	Keynote	Keynote
OS の長所	対応ソフト多い	動作安定操作簡単	手軽に使用操作簡単	PC 動作軽快
OS の短所	動作が重い	デバイスの価格が高い	対応ソフトの少なさ	ネット環境必須

※ GIGA スクール PC 程度50,000円機種としての評価 MacOS PC は最下位モデル90,000円程度～。
※上記ソフトは OS 準拠の一般的なものを記載。
※他にも OS は存在するが学校や家庭での使用でシェアが多いものを掲載。

オンライン授業で使うソフトはどの OS・デバイスにも対応

　Zoom や Teams など，オンライン授業で使うどのソフトウェアも各 OS に対応してリリースされている。クラウド版のアプリの場合は OS の違いや PC の性能の差よりも，通信速度に影響を受けるので，ネット環境を整えることが大切になる。デバイスによって若干の操作方法の違いがあるため，子

どもたちが操作で困らないよう，教師側で予め操作方法を確認するなど，OSやデバイスによる違いを把握することが重要である。

子ども用のアカウントをつくると便利

　保護者のPCに子ども用アカウントを設定することで，同じPC内で2つの作業環境を使い分けることができる。保護者アカウントでは，子ども用アカウントでの使用可能ソフトを指定したり，使用時間の制限を設定したり，ファイルデータを保護者と子どもで分けたりすることが可能になる。「親と同じPCを使わせたくない」という声は多く，学校でアカウントの設定方法を伝える事は，重要な家庭への対応となる。

子ども用アカウントの作成方法（OS:Windows10の例）

　管理者アカウントでWindowsにログイン→「設定」→「アカウント」→「家族とその他のユーザー」をクリック。その中の「家族」→「家族のメンバーを追加」を選択。「メンバーを追加」にチェックを入れ「お子様のメールアドレスを作成する」でアカウントを作成すると，PCを起動時（ログイン時）に，保護者用か，子ども用かを選択して使用することができるようになる。

お子様のメールアドレスが新しいアカウントになり，ログイン時に選択ができるようになります。

（佐藤正範）

8 Web 教室で使う「ビデオ会議ソフト」を試そう

活動に合うビデオ会議ソフトの選択肢をもつ

　遠くの人と顔を合わせながら会話することができるビデオチャットのソフトが数多くリリースされている。それぞれ，機能や特徴が違うため，積極的に使って試し，活動に合ったものを選択できることが大切である。

※2020年5月時点でのサービス内容（各サービスの有償プラン含む）。アップデート等で仕様が変更となる場合がありますので，各サービスHP等で最新の仕様をご確認ください。

ソフト名	同時参加人数※	1画面に映る最大人数	アカウント登録	画面共有機能
Zoom	1000名	25名	ホスト必要	○
Microsoft Teams	250名	9名	ホスト必要	○
Google Meet	250名	16名	不要	○
Skype Meet Now	50名	9名	不要	○
Whereby	50名	12名	不要	○

一番大事な「使いやすさ」

　Web教室などでは，多くの子どもたちが同時に接続をして，顔を合わせるため，操作が不慣れな子どもたち・保護者の方にとっても，簡単な操作で参加ができる「使いやすさ」がビデオ会議ソフトには求められる。常に新しいソフトが開発されているので，様々試して検証をすることが大切である。

お互いが顔を見られるよさ

　オンライン授業の方法は様々あるが，先生方が双方向・同期的な授業でビデオ会議ソフトを使うよさは，合意形成を図れるという理由だけでなく，単純に友達同士の顔を見て安心できる部分であると言える。大勢の人数で画面が埋まったとしても大体のソフトは話をしている人の画面が大きくなる等の便利な機能があり，使ってみると対面でのコミュニケーションと大きく差がないことを実感できるはずである。

筆者担当クラスで初めてのＷｅｂ教室の様子

「混雑して声が聞き取れない」経験が大切

　参加者が４名程度を超えると，お互いの声が聞き取りづらくなる。そこで必要になるのが，「イヤホン」と「ミュート機能」である。イヤホンをつければ，コンピュータから出た音はイヤホンから出るので，コンピュータのマイクが拾うことが無くなり，発した声だけがマイクに入力されクリアなコミュニケーションになる。ミュート機能は，マイクを止めて話者の声を聞き取りやすくする機能で，Web 会議では話者以外はミュートにするという作法がある。初めて参加する人がいる場合にはホスト役の人が最初にミュートの使い方について説明をすると良いが，**子どもたちに一旦ソフトを自由に扱わせ，聞き取りづらい体験やホワイトボードに自由に落書きなどをして困らせてから，意味を説明すると，よりイヤホンやミュートの必要性が理解できる。**

（佐藤正範）

9 ビデオ会議ソフトの機能を使いこなそう—Zoom を例に

画面共有

オンライン授業中，手元にある画像データや，スライドなどを，参加している子どもたちの PC の画面に映して共有することができる。Zoom では画面の下部に「画面を共有」というボタンがあり，クリックすると右図のように，どの画面を共有するのかを選択する画面が現れる。デスクトップの画面自体を共有することもでき，スライドの画面を共有することなどもできる。共有を止めたいときは，「共有の停止」ボタンを押す。

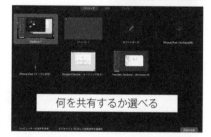

ホワイトボード

共有ボタンを押し「ホワイトボード」を選択すると参加者で 1 つのホワイトボードを共有して使うことができる。参加者が共同でテキストを入力したり，線を自由に描いたりすることでアイデアをまとめることができる。

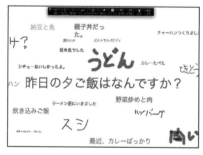

開始までの時間にホワイトボードを活用

ブレイクアウトルーム

Zoom は多くの参加者が１つの会議室で話し合いができる良さがあるが，その会議室を小分けに出来るブレイクアウトルームという機能がある。大きな一部屋だった会議室を，右の図のように分け，ランダムで均等に参加者を振り分けたり部屋数や参加者の場所を指定したりすることで，ブレイクアウトルームの参加者は少人数での話し合いをすることが可能となる。

子ども	子ども	子ども	子ども	子ども
子ども	子ども	子ども	子ども	子ども
子ども	子ども	子ども	子ども	子ども
子ども	子ども	子ども	子ども	子ども

元々は 20 名で１つの会議室

クリックして部屋を指定

子ども	子ども	子ども	子ども	子ども
子ども	子ども	子ども	子ども	子ども
子ども	子ども	子ども	子ども	子ども
子ども	子ども	子ども	子ども	子ども

４人ごとのブレイクアウトルームのイメージ

共同ホスト

ホストは参加者から「共同ホスト」を指名でき，共同ホストになると，以下のような補助が可能となる。

- ・入退室の管理ができるようになる。
- ・参加者のミュートを制御できるようになる。
- ・ブレイクアウトルーム時に，違う部屋へ自由に出入りすることができるようになる。

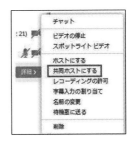

共同ホストに役割を任せることでホスト役は進行に集中することができる。共同ホストを指名するには，参加者リストから共同ホストにしたい名前を探し，右クリックのメニューから「共同ホストにする」を選ぶ。

（佐藤正範）

※ブレイクアウトルームや共同ホストの権限は契約プランによって差があり，それぞれ使用可能になるミーティングの設定が必要となる。

10 Teams とは

チャット・資料共有・ビデオ会議…すべて１つの「グループウェア⁽¹⁾」

「Microsoft Teams（チームズ，以下 Teams)」は，マイクロソフト社の教育機関向けのクラウドサービス「Microsoft 365 Education」のアカウントで使用できるアプリケーションである。管理者が決めたメンバーを「チーム」として招待することで，いわば「デジタル教室」を作ることができる。

Teams には，主に次の３つのような機能がある。

１つ目は，チャット投稿による会話機能である。LINE のように気軽にメッセージを送り，Facebook のように各投稿に対して「いいね」等のスタンプを送ることができる（右図）。投稿

に対して「返信」すると「スレッド」でまとめて表示されるため，後で見返しやすい。また「チャネル」を作り，話題毎でページを分けることもできるので，情報の整理も容易にできる。２つ目は，資料の共有や共同編集をすることができる機能である。Word，Excel，PowerPoint といったアプリについてはご存知であろう。Teams は，こうした資料をメンバー間で簡単に共有して，編集することが可能である。３つ目は，遠隔での会議機能である。ビデオ会議はもちろん，資料を参加者に画面共有することもできる。これにより，ライブ授業も簡単にできる。１つ目に紹介したチャットも同時使用できるため，記録も残りやすい。更にビデオ録画もできる⁽²⁾。よって，参加できなくても後から情報を得られる。

以上の会話機能，資料の共有や共同編集，遠隔での授業・会議という３つの機能が全て１つにまとまった「グループウェア」であることが，Teams

の大きな特徴である。参加中のメンバーしか情報を見られないことと，マイクロソフト社によるセキュリティ保護により，安心して活用することもできる。

スマートフォンでも活用できる

ここまでの説明を読むと，「操作が難しそう」「パソコンじゃないと使えないのでは」と思われるかもしれない。しかし，右図のようにアプリをインストールすることで，ほとんどの機能を使用することが可能である。ただし，データ通信で使用する場合は，通信料に注意が必要である。

無料アカウント発行に向けて

Teams を使うためのアカウント「Microsoft 365 Education」には 3 種類ある。無料プラン（A1）でも，学習者の人数分を発行することができる。登録方法については，紙幅が限られているため脚注の情報を参照されたい。

管理者は機能制限も可能だが…まずは試すことから

管理者は，学習者同士の 1 対 1 のチャットの機能を制限したり，チームを作る権限を学習者に与えなかったりするなどの設定が可能である。教員が安心して教育活動に取り組める環境づくりは当然だが，学習者が自立的にグループウェアを活用できるように，どのような機能制限が適切であるかどうか，教員間で試していくことから始める必要があるだろう。　　　（小池翔太）

(1) 本稿は，以下「Microsoft 教育センター」のサイトを参考にした。
　　Microsoft Teams でデジタル教室を作る（Microsoft Teams の概要）
　　https://education.microsoft.com/ja-jp/course/5e82da24/overview
(2) ビデオストリーミングサービスの「Microsoft Stream」に保存される。

11 Teams を活用しよう

導入初期は「慣らし期間」と捉えた活用を

　チームの設定，アカウントの交付…準備を整え，いよいよ Teams を活用したオンライン授業が始まる瞬間を想像しよう。子どももドキドキして，交付されたアカウントとパスワードを入力してサインインすると，招待されたチームが表示される。離れていても先生と友達とつながれるデジタル教室の世界に足を踏み入れた瞬間は，子どもたちにとって大きな感動の場面だろう。こうした Teams 導入初期の「あるある」として，膨大な投稿数が並んでしまうことがある。Teams は多くの機能が 1 つにまとまっているが故に，子どもたちは感動に浸りながら，あれこれと投稿など試してしまう。Teams の機能を学んでいる大切な子どもの姿であるが，教師が見ると「学力保障を目的としているのだから…」と不安に思ってしまいがちである。オンライン授業は家庭での協力が大前提となるため，保護者も「この投稿は学習に関係無いから使わせたくない…」と否定的に考えてしまいがちだろう。もちろん，子どもたちを守るためにも，様々な想定をすることは重要なことではある。

　しかし，教師や保護者は「慣らし期間」と捉えて，子どもたちの多少の遠回りや失敗は暖かく見守ることが重要である。子どもたちがデジタル教室に感動する場面を大切にすることによって，投稿数も徐々に落ち着いていき，Teams を学習の道具としてどのように活用していくことができるのか，子どもたちが主体的に考えていくことができるようになると考えている。

　筆者のクラスでは，「ウェルカムムービー」を予め投稿する工夫を行った。「これから Teams を活用して，ルールを守って楽しく学習していこう」と伝えた。その際，保護者にも視聴されることを意識して，教員が積極的に

自己開示したり，オンライン授業に向けた想いを伝えたりすることも考えた。

こうした動画の投稿が起点となって，子どもたちが「いいね」スタンプを押したり「面白かったです」とコメントしてくれたりするなどして，オンライン上での交流を楽しく始められた。何も無い所から始めるよりも，教師とのやり取りが起点となって，言葉遣いなどの情報モラルについて考える機会にもなり，少しずつ目的に合った活用に近づけたと実感している。

同期型：自立学習を促す「オンライン質問タイム」「もくもく会」

休校期間中の Teams の同期型学習の活用例に「オンライン質問タイム」がある[1]。学習者自身が「自分は何につまずいているのか」等，学習の進め方も試行錯誤できるため，自立的な学習を促すことができた。他の活用例として「もくもく会」がある。本来，エンジニアなどの方々が一つの場所に集まり，各自で「黙々と」作業する会のことを意味している。ある児童が「家で自分一人だと勉強が進まないから，ビデオ ON・マイク OFF で一緒に勉強したい人募集」と呼びかけ，数人で勉強する様子が見られた。

非同期型：「自主学習」を投稿する場をつくる

教師が提示する課題以外にも，子どもたち自身で関心のある「自主学習」を，非同期型で投稿する場をつくった例もある[2]。家の料理のお手伝い，演奏，栽培…など，なかなか学校で情報共有することが難しい内容も，ICTを活用して主体的に楽しく学び合っていく姿も見られた。　　　　（小池翔太）

(1) 具体例は次を参照。小池翔太ほか（2020）「5年各学級・帰国児童を対象とした Microsoft Teams『会議室』の活用」樋口万太郎・堀田龍也編『やってみよう！小学校はじめてのオンライン授業』（学陽書房，pp.96-99）
(2) 具体例は次を参照。四家崇史ほか（2020）「2年『やってみた』チャネルの設置から」樋口万太郎・堀田龍也編『やってみよう！小学校はじめてのオンライン授業』（学陽書房, pp.46-49）

12 G suite とは

ICT はあくまでも手段

　今回，「Gsuite の総体から具体的実践まで」という内容の文を寄稿することになった。知り合いにそのことを話すと「Google も，Microsoft も，Apple も，YouTube も，ロイロノート・スクールも，schoolTakt もいろいろなサービスがあるけれど，結局どれがいいの？」と聞かれた。たしかに。これだけのサービスが世の中に溢れていて，どれかに絞ることすら難しい。この原稿を書いているのは緊急事態宣言の延長が宣言された翌日，こどもの日だ。恐らくこの本が出ている頃も簡単にコロナウィルスは収束していないし，様々な学校現場でどのデジタルサービスを使ってどのように学びを進めていくかが議論されていることだろう。今回は G suite についての寄稿だが，その前に ICT を推進していく目的を述べることが必要だと思う。

　ICT はあくまでも手段であり，目的ではない。子どもたち一人ひとりの成長のため，成長する過程を楽しんでもらうための道具だ。コロナウィルスによる休校がなくとも，ICT の利用は推奨されていた。目を背けてはいけないことはあくまでも ICT の利用は「教育をより良いものにすること」であり，従来の教育の代替手段に止まってはいけない。

ICTのメリット

　ICT のメリットは機能的には以下の５点に絞られる。①様々な情報にアクセスできる。②文字だけでない表現ができる。③共有しやすい。④記録が残る。⑤かさばらない。これらの特徴は①双方向の授業展開，②振り返り学習に絶大な恩恵をもたらした。これらの活動が具体的にどのようなものなのか

は後述するが，教育活動でできることが増え，より子どもたちの学びにとって有益な機能が実装されたと言える。

G suiteとは

　G suite は Google が提供する情報共有のためのサービス群である。教育利用として，G Suite for Education というバージョンがあり，本稿ではこのサービスについて言及する。データは全てクラウドに保存されるので，場所や機器を問わず利用できる。具体的なサービスとして目的別に紹介する。

　より詳しく書かれている記事が Web にあったので，紹介する。下の QR コードを読み取っていただくと以下のページにアクセスすることができる。

　「【今さら聞けないシリーズ＃2】GSuite for Education まとめ」(Shunsuke Mori さんの note 記事)

サービス		目的	対象	詳細
クラスルーム　フォーム		クラス管理 連絡 課題配布と回収 保存など	教員 児童	クラスルームを通じて，行事や試験の日程の連絡ができる。また，課題を配布，回収できる。選択問題の課題であれば自動採点も可能なので，効率的な管理ができる。
ドキュメント　スプレッドシート　スライド		資料作成 プレゼンテーション	教員 児童	それぞれmicrosoft officeのword, excel, powerpointに近い機能がある。他のサービスと同様，真同編集系なので児童間であれば文章や発表資料の作成をグループでできる。また，コメントをつける機能があるので，教員からの指導もできる。資料を共有すれば会議の記録や保護者向けの資料作成ができる。
ドライブ		データの保存	教員 児童	作成したデータはこちらに保存される。また，画像や動画などのデータを格納することができ，容量も無制限。
キープ　カレンダー		メモ，タスク管理	教員 児童	キープはメモアプリであり，気軽にメモを取ることができる。カレンダーは予定を詳細に記録することができ，リマインド機能もある。
メール　ミート　サイト		コミュニケーション	教員 児童	メールは児童・教員間での文字でのコミュニケーション，ミートはビデオ通話機能である。サイトは教員の利用あるいは児童向け。保護者向けにwebサイトを作成することができる。児童が利用する場合，サイトを作成する活動ができる。
コンソール　ボルト		サービスの管理	教員 （管理者）	管理者向けのサービス。アカウントの発行や管理，削除などが行える。児童がどのサービスを利用するかもここで決めることができる。また，各アカウントの情報（メールの内容やドライブの中身など全てのデータ）を保持，管理できる。

　他社サービスと比較して Gsuite for Education の素晴らしいところは全ての機能が揃っていることだ。最低限 G suite for Educaton に登録さえしておけば，なんでもできると言っても良い。しかし，多機能であるが故にどう使えばいいか悩むこともあるだろう。次項より，サービスを絞って具体的な活用について説明する。

（五木田洋平）

13　G suite を使ってみよう

ドメインの取得と一般的な利用の仕方

　私は私立小学校に勤務しており，学校独自のドメイン
を取得している。しかし，公立校の先生方からお話を聞
くと自治体や教育委員会がドメインの取得をしているよ
うだ。それぞれの立場で取得までの流れは違うはずだ
し，詳細に記載することは難しいので，取得までの動き
をわかりやすく明示した記事を紹介す
る。

「休校中の小学校で【GoogleClassroom】を
活用して，子どもたちとつながる方法」
（K さんの note 記事）

オンラインでの授業に対しての視点

　オンラインの授業を考えるには「オンライ
ン↔オフライン」「リアルタイムでのやり取
り↔記録でのやり取り」の二軸で考える必要
がある。Zoom などを用いたオンライン朝の
会は「オンライン」かつ「リアルタイムでの

やり取り」であり，録画された配信授業を見ることは「オンライン」かつ
「記録でのやり取り」である。通常の授業は「オフライン」かつ「リアルタ
イムでのやり取り」に位置する。
　現在，5／5（火）時点で iPad が導入されていない学年を担当しているの
で，保護者の協力のもと，家庭の端末を使用して実践した。

双方向の実践(対子ども)

　双方向の授業においても，振り返り学
習においても一番使いやすいのはGoogle
Slidesだと感じている。右のシートは子
どもたちの読書記録を共有するためのも

のである。実践を行うにあたって，Zoomなどを用い読書タイムを設定す
る。リアルタイムで参加が可能な家庭は読書タイムへの参加とシートへの書
き込みをお願いし，リアルタイムで参加が難しい家庭はシートだけ書き込ん
でもらう。リアルタイムでの参加の制限を取り除くことでほぼ全員（保護者
が帰宅してからシートに書き込むこともできる）が参加をすることができ
た。オンラインの導入が前に進まない原因は全ての家庭を「同時に」繋げる
ことの困難さである。記録でのやり取りをベースにリアルタイムのやり取り
をオプションと考えると多くの家庭に参加を促すことができるのではないだ
ろうか。

双方向の実践(対教員)

　G suiteは校務に対しても導入すること
ができる。導入した結果，「業務の効率化」
と「大人も子どもも同じサービスを使うこ
とで理解が深まる」というメリットがあっ
た。勤務校ではGoogle Docsを使用し会議
資料を作成している。同時編集機能を用

い，記録の効率化が図られたり，新任の教員などがわからない部分をコメン
ト機能で拾うことができた。同時編集とコメント機能により従来の会話主体
の会議の欠点を補完するようなものになったと感じている。　（五木田洋平）

14 schoolTakt とは
―個がつながり合うオンライン

スクールタクトとは

　スクールタクトは，Web ブラウザだけで動き，双方向の協働学習ができる支援システムだ。私の勤務する前原小学校は，児童に一人一台のデジタル端末があるというちょっと変わった公立小学校なのだが，そのような環境の中でほとんどすべての授業においてこのスクールタクトを活用している。

　子供たちには一人一アカウントが割り振られており，それぞれの「ページ」を持っている。そこに何かを書き込むと，リアルタイムで先生や友達と共有される。作図したり，写真を貼り付けたりすることも可能だ。また，子供たちは相互に友達のページを見合って「いいね」したり，コメントしたりすることができる。学級版 SNS のようなものをイメージしていただけると，わかりやすいかも知れない。

授業での活用法

　例えば，感想を書くような授業なら，書いている途中でもリアルタイムで友達のものを見ることができる。なかなか書き始められない子は友達の書き出しを参考にできるし，早く書けてしまった子は友達のものを読んだり，コメントを書いて交流したりできる。

タクト閲覧画面

教師も一つの画面ですべての子の進捗状況を把握したり，誤字脱字がある子にはその場で確認してこっそり教えてあげたりすることもできる。

　プレゼンや壁新聞を作るような授業なら，インターネット上にある写真や

図やグラフを簡単に貼り付けられるし，レイアウトも自由に変えられるので表現の幅が広がる。色や文字の大きさなど，表現力や個性を発揮しやすい環境と言えるだろう。

　そして何より有効なのは，作ったプレゼンや新聞がすぐに共有できるという点だ。成果物を集めて，並べて，貼りだして…とやっていては，どうしても回数が制限されてしまう。プレゼンにしても，全員に発表してもらうとそれだけで2時間くらいかかってしまう。しかし，スクールタクトを使えば，書いたと同時に他者の目にさらされるわけだ。作り終わった子から，自分の興味あるプレゼンを見てコメントしたり，直接その子のところに行って，詳しく質問したりしてみてもいい。

本当にやりたいことを，表現したい方法で

　休校期間中，子供たちには1日1枚のページを作ってもらっていた。線で半分に区切り，上の段にめあてを書き，下の段に振り返りを書くという使い方だ。生活パターンや端末の使用できる時間も家庭によって違うだろうという想定から，非同期を採用した。朝のうちにめあてを立て，立てた

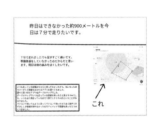

タクト個人ページ

子からどんどん課題を行っていく。終わったタイミングや夜に，一日の振り返りをする。私たち教師は，自宅勤務であろうと，それぞれの子の学習状況を確認しながら，その子に合わせた言葉かけができるというわけだ。

　子供たちは多様な姿を見せてくれる。取り組んだプリントを写真で撮ってあげる子，料理や工作を写真であげる子，植物の成長を写真で撮りためていく子。ピアノやコマ撮りアニメーションを動画で撮影し，あげてくれる子。プログラミングで作った作品やゲーム，自分で制作したラジオ番組をあげる子。表現方法が多様だからこそ，子供たちが本当にやりたいと思ったことを，やりたいと思った方法で発表できるのだ。　　　　　　　　（蓑手章吾）

15 ミライシードとは

教材概要

　ミライシードとは，ベネッセコーポレーションが提供する様々なアプリを含んだオールインワンソフトのことである。小学校1年生〜中学校3年生までを対象としており，ほとんどの教科に対応している。サーバ

ーを校外に設置した場合は，ネットワークの範囲内で同じソフトをダウンロードした他校との通信が可能になる。また，動作環境は各種OS，ブラウザに対応しており，各家庭からログインすることが可能。

アプリについて

　ミライシードでは様々なアプリが用意されているが，本稿ではオンライン学習（授業）で有用だと思われる3つのアプリについて紹介する。

①ドリルパーク（個別学習）

　基礎・基本の定着から思考力・判断力・表現力の育成まで期待できるドリル教材である。一問ごとに正誤判定が行われ，後に間違えた問題だけ取り組むことができる。漢字ドリルの書き取りは手書きで行い，書き順や字形についての判定を受けることができる。また，教師が子供たちの学習履歴を把握する機能があり，学習をリアルタイムに把握し，個別にコメントを配信することができる。

②オクリンク（授業支援）

カードに自分の考えやアイディアを表現し，そのカードを友達や教師と共有（送受信）することができる。カード作成では文字入力や描画だけでなく，写真や動画，ウェブサイトの引用などが行える。カードを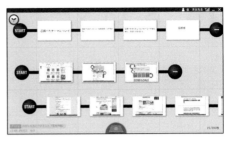付箋紙に見立ててKJ法のような使い方ができたり，カードをつなげることでプレゼンテーションを行ったりすることもできる。カードを相互に送り合うことができるので，協働的に学習することができる。LIVEモニタリング機能があるので，子供の活動をリアルタイムに把握することができる。また，画面共有・転送機能を使うと，教師の画面を子供に共有したり，子供の画面を転送したりすることができる。

一度ボード（授業）を設定してしまえば，子供はいつでもそのボード（授業）に入ることができるので，同期型・非同期型どちらの学習場面でも活用することができると考えられる。

③カルテ（学習の一元管理）

ドリルパークの教科ごとの正答率や取り組み状況を確認したり，オクリンクとムーブノート（協働学習，未掲載）で子供が作成した成果物を一覧で確認したりすることができる。これらの子供の学習履歴をもとに授業改善に取り組んだり，個別の指導に役立てたりすることができると考えられる。これからの教育は個人のスタディログ（学習履歴・学習評価・学習到達度）を学びのポートフォリオとして電子化・蓄積して指導と評価の一体化を進めていくことが重要だとされている。カルテの活用によって学びを可視化することで，指導の充実につながるものと考える。

（金　洋太）

参考サイト　https://www.teacher.ne.jp/miraiseed/

16　ミライシードを活用しよう

ミライシードの活用場面

　ミライシードは様々なアプリがあるので，活用したい場面に合わせて学年や教科等を問わず活用可能である。ただし，ビデオ電話のようにリアルタイムで映像や音声を共有する機能が無いため，特に同期型・双方向のオンライン授業中に用いるためには，Zoom や Microsoft Teams，Google Meet のようなアプリと組み合わせることが必要である。本項では「オクリンク」アプリを中心にミライシードの活用について記述していく。

考えやアイディアを共有する—オクリンクの活用—

①国語編

　写真やイラストを基にオリジナルの
物語を考える。録音機能を使って考え
た物語を場面ごとに入れる。

②算数編

　写真機能を使って身の回りにある図
形や垂直・平行を見つけて撮る。

③理科編

　友達の書いた月の満ち欠けのイラス
トを受け取り，正しい満ち欠けの順に
並び替える。

④社会編

　学習課題に関連した問題を見いだし，調べ学習でカード（資料）を作成し

ていく。

⑤技能教科

　写真や動画機能を使って自分の動作を
確認したり，友達に送ってアドバイスを
もらったりする。

⑥その他

　イラスト等を用いた健康観察，学級活
動の話し合い，フラッシュカードの作成
などにも使える。

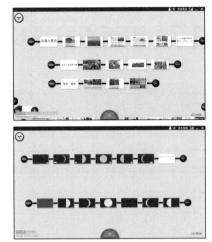

既習事項の確認・理解度を把握─ドリルパークの活用─

　ドリルパークは，小学校は主要4教科，
中学校は主要5教科に対応している。ドリ
ル教材のため，これまでに子供が紙ベース
のドリル教材を活用していた場面をそのま
まドリルパークに置き換えることができ
る。在宅中の子供に取り組ませる場面とし
ては

　①既習事項の確認（レディネステスト）
　②オンライン授業後の評価
　③自主学習（予習・復習）

　といった場面が考えられるだろう。教師はドリルパークの任意問題や自作
した問題を配信することができるので，子供の学習場面や実態に合わせた問
題に取り組ませることが可能である。また，教師がドリルパーク内の学習履
歴を活用したり，別アプリの「カルテ」を併用することで，子供への適切な
フィードバックにつなげることができる。　　　　　　　　　（金　洋太）

17 画面を記録して素材を用意しよう

キャプチャとは

　資料を提示するパワーポイントや，ブラウザで表示するデータなど，画面に映るものであれば配信することが可能である。しかし配信するものは予め用意しておきたいことがあるだろう。そのような場合には，画面をファイルへ保存できる。それをキャプチャと言う。キャプチャすると画像を加工したり，組み合わせたり，動画として動きをつけたりなど，様々な活用の可能性が開ける。ここでは Mac でのキャプチャの方法を説明する。

静止画のキャプチャ

　Mac では OS に画面をキャプチャする機能が組み込まれている。「command」＋「shift」＋「数字キー」を同時に押すと実行される。

①画面全体のキャプチャ

　同時に数字キー 3 を押すと，画面全体がキャプチャされる。キャプチャされた画像はデスクトップに保存される。

②画面の一部のキャプチャ

　同時に数字キー 4 を押すと，画面の一部を指定してキャプチャすることができる。またその後に「Space」を押すことで特定のウィンドウだけをキャプチャすることもできる。

動画のキャプチャ

① OS 組み込みの方法

静止画と同じように，同時に「5」を押すと表示される右図のようなバーの真ん中の2つが動画キャプチャのボタンである。画面全体か一部かを選択して録画することができる。

静止画キャプチャ　動画キャプチャ　様々なオプション

② QuickTime

QuickTime の「ムービー収録」ではWebカメラから録画することができる。「画面収録」では左ページ①と同じように画面を録画できる。また，音声を録音して保存することもできる。

素材を組み合わせる OBS Studio

OBS Studio はリアルタイムに画面の様子を配信するためのソフトである。しかし配信以外にもその映像を録画して保存することができるので，様々な素材を組み合わせて動画素材を作ることができる。

例えば右図では，エクセルの画面を操作，解説の声，テキストなどを組み合わせている。静止画素材や音声，複数のカメラの組み合わせも考えられる。このように様々な素材の組み合わせにより多様な表現が可能となるのである。　　　　　　　　（鍋谷正尉）

18 動画の素材を積極活用しよう

動画は情報量が圧倒的に多い

　動画素材は，視覚情報も多く，文字や
音楽を加えればより伝わる素材になる。
サイズにもよるが，一般的なA4サイズ
のカラーの静止画は1MB〜3MB程度
のデータ量だが，動画素材は5分間で
1000MB（ハイビジョン画質）にもな
り，情報量の差があるだけより送り手側
の意図が伝わると言える。

筆者と理科専科教員でつくった
実験動画素材

「オンデマンド」を送る相手のタイミングで観る

　Zoomなどの双方向的なコミュニケーションの良さもあるが，動画の素材
を共有しておけば，録画ビデオや配信されている映画などのように，気軽に
共有した相手のタイミングで観ることができる。このように注文した事に対
してすぐに提供できるサービスを「オンデマンド」と言う。

動画素材は何度でも見直すことができる

　動画素材はデータとしていつでも見直すことができる良さがある。「何て
言ったか聴き取れなかった」場合や，「もう一回聴いて考え直したい」な
ど，実際の一斉授業では「もう1回聞かせてください」と言いづらい子ども
たちでも，気をつかわずに見直すことが簡単にできる。

編集でクオリティを上げることができる

　動画素材は，撮影したそのままを共有することもできるが，より伝わる素材とするために文字情報（キャプション）をつけたり，音楽を添えたりして雰囲気を良くしたり，失敗したカットだけを撮影しなおして切り貼りして，情報のクオリティを上げることができる。

動画編集を行うための環境

　最近ではスマートフォンで撮影した動画素材を，スマートフォンのアプリなどでも簡単に編集することができる。また，PCを使えばより大きな画面で操作も簡単に編集を行うことができる。以下にPC用の3つのソフトを紹介するが，それぞれに「音楽の挿入」「動画の切り貼り」「キャプション（文字）の挿入」などの基本的な機能は備わっている。

iMovie…Apple社製のPCやスマホ（Mac・iPhone・iPad）には付属。必要最低限の機能のみ。操作は簡単で手軽に動画編集が可能。

Filmora…Wondershare社製複数の映像素材を組み合わせが可能。映像の切り替えのエフェクトも豊富。価格6,980円（税込）〜

Premiere…Adobe社製映画製作など映像系のプロの仕事でも使われる。機能が多い分メニューのコマンドが多い。基本的な使い勝手はiMovieやFilmoraと大差はない。Adobe Creative Cloud 学生・教職員向けプランで1,980円／月（税別）

　また，動画素材をコンピュータで扱うためには，ある程度の性能が求められる（以下はFilmora 9の動作環境の例）。　　　　　　　　　　（佐藤正範）

CPU：Intel i3 またはマルチコアプロセッサ2GHz以上
メモリ：最低4GB（HD以上の編集の場合8GB以上）　HDD：最低10GB SSD※推奨
※ SSD＝ソリッドステートドライブの略で高速な動作が特徴の保存ディスクのこと。

---

19 データを適当なサイズで扱おう

共有をするのか？データを渡すのか？活動に合った選択を

　Web 教室などを開く時に，気軽に画面を共有できるのが Zoom 等の Web 会議ソフトの良さであるが，共有が終わると子どもたちの手元には何も残らないことになる。資料共有のもう一つの方法が「ファイル送信」である。共有画面やチャット画面で「ファイル送信」をクリックしてファイルを指定することで，手元の資料などを直接子どもたちに送ることができる。この場合は，子どもたちが好きな時にファイルを使うことができるので，ワークシートなどを送ったりするのに有効であると言える。また，音楽の活動などでも，先生側で流す音声を共有することが可能ではあるが，mp 3 ファイル等の音楽データをファイル送信することで，子どもたちは高音質の素材をいつでも好きな時に聴くことができる。活動の内容によって，データを共有するのか，送信するのかを適切に選択し，子どもたちが充実した活動ができる配慮をしていく事が重要である。

高精細＝良いというわけではない

　資料などを見せるときに，高精細な資料を見せることは，情報量が多くなり伝わりやすいという良さがある。スマートフォンでも 4 K（4096×2160）サイズの写真や動画が簡単に撮影できるようになった。

　しかし，オンライン授業では子どもたち側のパソコンやスマートフォンの画面サイズよりも高精細な情報は，元の情報のまま再生はされず，荒い情報となって表示されてしまう。オンライン授業で扱う写真やビデオの画像サイズは最低でも SVGA（800×600）〜最高でも HDTV（1280×720）程度のサ

イズがあれば現状では十分である。

　高解像度のデータを送受信することで，ネットワークの通信が混雑して，通信が重たくなったり切れてしまったりする可能性もあるため，先生側も子ども側も軽いデータを扱う事の大切さをネットマナーの内容として扱う事も必要である。

適度なサイズのデータを扱うために記録機器の設定を変える

　高解像度の資料やビデオ素材などの大きなデータを小さくすることは，圧縮ソフトなどや圧縮 Web サービスを使えば可能だが，手間が一つ増えることとなる。そこで，デジタルカメラや，ビデオカメラ，スマートフォン等の「記録画素数」設定を適切にすることで，圧縮不要でそのまま活動で使用が可能になる。ほとんどの撮影機器は最初は高精細なデータで撮影できるように設定されている事が多く，設定を変更をするとよい。

スマートフォンのカメラ
設定画面

オンライン授業では反転学習的な発想も重要

　オンライン授業は PC やインターネットが正しく動く中で考えがちだが，いつでも不具合が起こる可能性がある。動画を共有する時などは，大きなデータをやりとりする事となり，動画が止まって活動が止まってしまうような事も散見される。反転学習的は発想に立てば，あらかじめ動画の URL やデータを子どもたちと共有しておき，同期的活動時には，動画共有をしなくてもよい活動の設計をすることで，トラブルを減らすことができる。データの扱いという面からも，非同期の時間を有効活用していく事がポイントとなる。

（佐藤正範）

20 Zoom のセキュリティは URL で確認しよう

アカウントやURLもパスワードと同じである

　Zoom ミーティング参加用の URL は，実は文字列自体がアカウントとパスワードを両方の意味をもつ大事な鍵の代わりになるため，扱いを慎重にしなければいけない。

① https は暗号化された通信の証拠

　（例）http s ://zoom.us/j/01234567890?pwd=abcdefghijklmn

　→インターネットの URL には，http と https から始まるものがある。Zoom や個人的な情報を扱うショッピングサイトなどは，アドレスを知らない外部の人が通信内容を解読できないよう「暗号化」の技術をつかって安全な通信ができる。しかし，この URL 自体を知ってしまうと誰でもアクセスができるので URL の文字列は大切に扱う必要がある。

②数字の並びはミーティング ID になっている

　（例）https://zoom.us/j/01234567890?pwd=a bcdefghijklmn

　→ URL の真ん中には11桁の数字がある。これは会議室のミーティング ID の番号と同じで，Zoom の HP でこの数字を入力しても会議に参加することが可能である。先ほどと同様に URL 自体が会議室の場所を示すので重要な情報であるということになる。

③最後にある「?pwd=abc・・・」は実はパスワード入力済の意味だった

　（例）https://zoom.us/j/01234567890 ?pwd=abcdefghijklmn

　→ Zoom の URL 最後に「?pwd=abc・・・」のような文字列がついている場合がある。これは，URL 自体にパスワードの鍵が刺さって，開いていることを表す。Zoom の設定では，入室時のパスワードを設定することが多いが，この URL を送ると，送られた人はパスワードを入力しなくても会議室

に入ることができてしまう。

　では，参加者に必ずパスワードを入力してもらい，安全に会議室を開くためにはどうしたらよいのだろうか。

　方法は実は簡単で，発行された URL のうち，?pwd=…以降を削除した URL を共有すればよい。URL のパスワード部分をきちんと削除することで，URL 自体から鍵を抜く意味になる。

https://zoom.us/j/01234567890?pwd=abcdefghijklmn ← ?以降を削除して共有

https://zoom.us/j/01234567890

→この URL でアクセスすると設定したパスワードの入力を求められる。

　URL 自体がアカウントやパスワードの意味であり，大切に扱う情報である。逆に，信頼できる相手にメール等で会議の参加を促す時には，上段の ?pwd= がついたアドレスを送ることで，パスワード入力の手間無く参加できる招待のたかちになる。Zoom ミーティングの開催の内容や招待する相手よって，二つの URL を使い分けることが重要である。

待機室を活用するには共同ホストの先生がいるとよい

　Zoom のミーティングには「待機室」を設定できる。これは，開催者側が，間違いのない参加者だけを入室させることができる安全性を高めた機能である。ホストは既に入室した参加者と関わっている場合が多いので，待機室利用時には，参加者の名簿を用意し共同ホストで協力してくれる先生に入退室の管理を任せるのがよい。

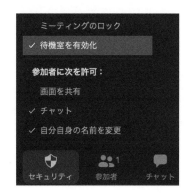

（佐藤正範）

21 オンライン授業に関する セキュリティを押さえよう

アカウントとパスワードとPIN

　コンピュータを利用する際に避けて通れないのがアカウントとパスワードの扱いであるが，Microsoft Teams などの学習支援ソフトを使う場合に，クラウド上のソフトへアクセスするために，当然アカウントとパスワードを使う必要があるため，小学校段階から内容として取り扱うことが求められてくるはずである。人には教えないということだけでなく，パスワードの作り方や使いまわさない運用なども授業として扱う必要性が高い内容と言える。

　パスワードと似た言葉で PIN というものがあるが，その違いなども子どもたちと共有をしていくことなどもしっかり押さえていきたい。

　パスワード：インターネットを通ってクラウド上で認証を行う。

　PIN：デバイス内で認証が行われる（ネット接続は行われない）。

PDFで保存することには意味がある

　子どもたちとオンライン授業を進め，環境が整ってくると，子どもたちからの課題提出が行われるようになる。共有フォルダ等に各家庭からアップロードをする形が多いと思われるが，アップロードするデータの形式を PDF にする意味を子どもたちやご家庭とも共有していくことが重要である。

　PDF 形式は Adobe 社が開発したデータ形式で以下の特徴がある。

　・印刷用フォーマットとして開発され，どのような環境でも再現性が高い。

　・編集ができないのでセキュリティが高いため作者の責任が明確となる。

　Word や Excel などの一般的なソフトで作ったデータや写真の画像なども保存時に PDF を指定すれば簡単に PDF データを作成することができる。

形式「.pdf」を選んで保存をする。

安全に共有するためにクラウドストレージを活用

　先生側が作成した提示資料や，子どもたちが作成したレポートなどは，どのような環境からでもアクセスが簡単でセキュリティが求められる場所に保存する必要があり，最近はクラウドストレージを活用する事例が多くなっている。利用には団体の ICT センターや教育委員会などの許可が必要だが，情報共有が簡単にできる意味はとても大きいので積極的に活用をすべきである。以下に一般的なクラウドストレージサービスを紹介する。

クラウドストレージ名称	親和性の高い端末・サービス	無料容量
Google Drive	G Suite for Education・Chromebook	15GB
OneDrive	Office365/Teams 等 WindowsPC	5GB
iCloud	Apple 社端末	5GB
Dropbox	どの端末・サービスも同様	2GB

QRコードでスマートフォンからでもアクセスできるように

　上記のサービスなどを利用する時には，共有用の URL を使う必要があるが文字列がとても長く，プリント等で各家庭に配布をしても入力を間違ってしまう場合が多い。そこで，URL と合わせて，URL を変換した「QR コード」を配布することで，各家庭からのアクセスが容易になる。

右のQＲコードは「Yahoo! きっず」の URL https://kids.yahoo.co.jp/ を変換したもの

（佐藤正範）

※ QR コードはデンソー社が開発したサービスであるが，特許権を行使していないためインターネット上には無料で使用ができる QR コード作成のページが多数ある。

22 先生チームでオンライン授業に向かおう

Web教室は「進行役」と「サポート役」の先生で進めよう

　Web教室などを開くのは，オンライン会議ソフトなどを使えば一人でも簡単に実施することができる。しかし一人では対応が厳しくなる場面がいくつか出てくる。Zoomを使用した場合の事例を以下に示す。

○各家庭や子どもがまだ接続や操作に慣れていない場合

→ソフト上のチャットツールや直接の電話などで操作をサポートする。

○接続中の進行の妨げとなるような事案：各家庭側の生活音が割り込む

→対象の接続を把握しチャットで教えたり，ホスト側からミュートしたりする。

○発言者に注目させたい時

→スポットライト機能で，発表者の画面を固定する。

　以上のような対応をする場合，進行役の先生に加え，補助の先生がWeb教室に接続し「共同ホスト」となる事で，対応を任せられる良さがある。

　そして，小さな画面で子どもたち全員の様子を把握することは進行の先生だけでは難しく，子どもたちの様子や活動の記録を残すことを補助の先生にお願いすることはとても有効である。また，ブレイクアウト

補助の先生

進行の先生

※上の写真はWebクラス実施中で手前の先生がサポートをしている様子だが，音のハウリングを防止するために距離を取っている。

ルームで複数の部屋でディスカッションを行う場合なども，各部屋を補助する先生が複数人いると状況の把握がしやすくなり，進行役の先生は全体の進行等に集中することができる。

動画・写真などの教材づくりも複数人で

写真素材や動画素材を撮影する場合，先生自身の手元を動かしたり，身体を動かしたりする様子を撮ることが多いが，適切なアングルで撮影することは一人では難しい。二人以上で補助しあうことで，新しいアイデアや改善点が出てくるため，結果的には撮影素材のクオリティを上げることに繋がる。

※上の写真は理科の探求課題用の撮影の様子。熱湯を扱うために理科の先生に補助の先生がついて撮影をした。

情報共有ソフトを活用しよう

Web 教室が動き始めると，兄弟関係などに配慮すると，学級ごとの時間割をずらして実施するようになる。Zoom のアカウント数が多ければ同時に平行して実施することも可能だが，各クラスの取り組みを多くの教員で補助しながら，工夫やアイデア，改善点などを共有して活動をつくり，参観し合う事が有効である。勤務校では Microsoft の Teams という情報共有ソフトで，Web 教室の実施予定や協力して頂いた先生からの感想などをまとめた実施レポートなどを全教員で共有している。

情報共有し，実際に他の先生の Web 教室の補助に入ったり，参観したりすると，学年や教科などが違いや，子どもたちの ICT スキルの違い，先生方のアプローチの違いなどを見て感じることができ，多くの知見が次の自分たちの Web 教室の支えとなっていくのを実感する。　（佐藤正範）

Teams内で実施予定やレポートをPDFファイルにして共有をしている。

23 子どもたちのために学校と家庭の タッグを実現しよう

大枠を設定し，方針を共有すると先生方は挑戦しやすくなる

　オンライン授業推進のため4月21日に文部科学省から出た学校のICT活用を大きく後押しする通知が注目を集めた。以後，全国で積極的なオンライン授業の取り組みが行われた経緯がある。

　その後，教育委員会レベルや学校レベルで，どのような方針で教育活動に取り組んでいくのかについて共通理解を図った後，各学校のHP等で方針を知らせた学校が多く出てきていた。

　勤務校ではオンライン対応の声が多く上がる前の3月の段階で，管理職が「Zoom職員会議やってみようか」「授業で使ってみよう」と，積極的にオンライン会議システムを導入していた経緯がある。管理職レベルが旗を振って「チャレンジ」を見せるだけで，学校全体が「やってみよう！」という雰囲気になっていくはずである。

4年生の音楽でZoomを使用した参観授業を設定。隣接する中学校の先生も参加。検証を重ねた。令和2年3月26日撮影

オンライン対応を活かし，情報を子どもと保護者と共有する

　学校と家庭という物理的な距離を超えて取り組むことができるのがオンライン授業の良さではあるが，やはり登校している時に比べると，画面越しでの先生と子どもたちのコミュニケーションは難しさを感じる。さらに言えば先生と保護者もコミュニケーションをとりづらい状況であったようだ。

だが，本書の実践例でも多く書かれている「共有ソフト」を有効活用していけば，学校や学級からの情報発信を積極的に行い，先生たちが「何を考え」「何を選択し」「どんな活動を行うのか」を子どもと保護者と共有していくことが可能である。勤務校では，学校からのお便りの他に，保健室からや，図書館からの情報などの発信を続けて，情報共有した事が保護者の安心感につながっていた。

活動の足跡をしっかり残し子どもと保護者に返す

Web 教室などを開催し，取り組みを進めていくと，活動での子どもたちの笑顔の質が「友達と会えてよかった」から，「活動が楽しかった」という質に変わっていくのを実感するはずである。しかし，保護者の方々は Web 教室に完全に付き添うことはできず，子どもがイヤホンなどを使っていると，どのような活動をしているのかが全くわからないはずである。そこで，活動の取り組みのレポートなどを学級だよりなどで伝えていくことが大切になってくる。私たち教員側は，時間を確保して参加する事に教育的価値があることをしっかりした準備や検討で担保し，子どもたちの成長を伝えていく事で，各ご家庭からの協力を再度得ていく事に繋がるのである。

双方向を活かし子どもと家庭に耳を傾ける

授業や課題などは，学校から各家庭へ向けて発信される性質だが，逆に各家庭からの連絡手段はオンラインを活かせていない状況がある。保護者からのレスポンスは，先生自身だけでは気づかない示唆を与えてくれるものであり大切にしていきたい情報である。簡単な方法は，メール等のアカウントをクローズドとならないよう学年や学校との転送を設定するなどの配慮を十分にして運用することである。

（佐藤正範）

24 オンライン授業開始前に準備しよう

学校も家庭も準備万端に

PCやネットワークの環境を整える必要性は本書でも重ねて伝えてきた。どうしても環境が整わない家庭へは記録を残して伝えたり、活動内容を網羅できたりする課題プリントなどで対応する等の配慮が必要となる。

日時と内容を共有する

各家庭には、1週間前くらいにはお便り等でオンライン授業の情報を告知したい。具体的には「日時」「内容」「準備物」を伝える。急な実施をお知らせしても、各家庭の予定などが組まれている場合には子どもの参加が難しく、迷惑をかけてしまう場合がある。「日時」は活動開始時刻と開場時刻と終了予定時刻となる。同僚の先生方とも共有をするとよい。

はじめてのオンライン授業—Web会議ソフトをいじらせよう—

はじめてのオンライン授業では、活動開始予定時刻よりも20分くらい前から開場しておきたい。「壊れないから操作してごらん」「見つけた機能は友達に教えてあげてね」と伝えておくだけで、先生側が説明しなくとも、子どもたちは様々試して自然に操作方法が共有されていく。また、ミュート操作については、「多くの子たちが同時に話すと聞こえづらくなる」経験をしっかり経る事が重要である。その上で操作の説明やミュートの意味などを子どもたちと共有すると、子どもたちは実体験に結び付けて理解をすることができる。Zoom自体や、チャット機能やホワイトボード機能、他のソフト等で

も，飽きるくらい子どもたちがいじる経験を経て，その先でようやく仲間との本当の共同作業ができるはずである。

※ミュートは聞き取りやすくする為ではなく，必要のない音をマイクに拾わせない意味があることなど，先生側が正しい理解をすることが重要。
※使い方が悪い場合も，子どもたち同士で注意しあう雰囲気を大事にする。「公共性」「情報モラル」などをテーマにした活動に繋げる事を前提にした事例。

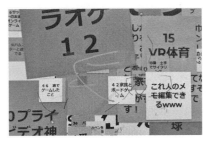

無料のオンライン付箋ソフト"Google Jamboard"を使い始めた時の様子。友達の付箋をいじったり、落書きしたりして遊んでしまっていた。この事をテーマに「情報モラル」の活動を実施し、配慮ある使い方ができるようになった。

待機室入室から活動開始までの時間を活かそう

　オンライン授業を何度か経験した子どもたちは，開場から接続までをスムーズにできるようになる。だが，慣れたとしても活動開始時刻まで10分程度は余裕を取りたい。その時間を雑談タイムとしてもよいが，活動を充実させるために，アンケートフォームや付箋ソフトなどを活用する事が効果的である。子どもたちの実態を把握し，活動開始時にアンケート結果や付箋の状況を子どもたちと共有し，活動をスタートさせるのは自然な流れとなる。

　例）道徳「生命の尊厳」の開始前に「最近気になったニュース」を調査
　　　体育「体つくり運動」の開始前に「最近した運動」を調査

出席確認も楽しんで

　活動前の緊張した子どもたちをほぐすことは重要である。例えば，出欠確認の返事「はい♪」の代わりに，「食べたい料理」や「最近行ったところ」などで返事をしてもらうだけで，子どもたち自身は友達とつながるきっかけを得て，オンライン教室の雰囲気は明るくなっていく。　　　　　（佐藤正範）

25 Zoomで朝の会を開こう

［ツール］Zoom

［時　間］各学年30分程度

［ハード面］ネットワークに繋がった PC

［ソフト面］Web 会議ツール「Zoom」

［その他］事前準備として学校でアカウントを取得しミーティングの予定を立てる。
学校のメールで朝の会のスケジュールと URL を配信する。

活動の概要

　活動の目的は，子どもたちとのコミュニケーションを取ること，健康状態等の把握をすることである。「Zoom」を使用しリアルタイムでやり取りをすることで，児童の様子や思いを捉える。教師－児童間だけではなく，児童－児童間のやり取りもできるので，休校中のストレスも少し緩和できると考える。また，朝の会を毎日同じ時刻に行うことによって，１日の生活リズムを整えるきっかけにしたい。

活動の流れ

　（事前）朝の会予定時刻の５分前にミーティングルームを立ち上げておく。

【朝の会の流れ】

1　朝の挨拶と健康観察を行う（５分）

T　おはようございます。〇月〇日〇曜日，朝の会を始めます。
　　最初に健康観察をします（一人ずつ呼名していく）。

C　（マイクがオンの場合）はい，元気です！

C　（マイクがミュートの場合）手を挙げる。

C　（マイク・ビデオ共にオフの場合）手を挙げるボタンを押す。

2　朝の会を進行する（25分）

T　今日のグループトークでは，３～４人のグループに分かれて自己紹介を

してもらいます。「名前・好きなもの・一言」を伝えてください。時間は5分間です（ブレイクアウトルームを使う）。

3　朝の会を閉める（2分）

T　それでは朝の会を終わりにします。また明日会いましょうね！

留意点

・会の内容は，参加できない児童へ配慮する。

・学年毎に時間をずらして設定する。（学校の通信回線の問題と兄弟姉妹関係で被らないようにするため）

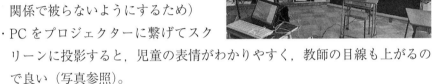

・PCをプロジェクターに繋げてスクリーンに投影すると，児童の表情がわかりやすく，教師の目線も上がるので良い（写真参照）。

成果と課題

【成果】

・教師と児童，児童同士のコミュニケーションがリアルタイムで取れるため，休校中でも相互の関係性づくりが進められた。

・児童は自宅から参加できるため，不登校の児童が毎回参加することができた。

【課題】

・Wi-Fi環境，端末が無い家庭への支援が必要である。

・参加していない児童には電話連絡をするなどのフォローをする。

（田中　萌）

26　Teams で授業をはじめよう

［ツール］Microsoft Teams（以下 Teams）

［教材名］各教科等の学習に応じて

［時　間］10分程度

［ハード面］ネットワークに繋がった PC，タブレット，スマートフォン等

［ソフト面］NHK for School 等の教材，Microsoft Forms（以下 Forms）等

［その他］以下いずれかの方法で会議室を設置し，チーム内の児童を入室させる。

（1）PC で投稿欄のビデオのマーク

　　　から「今すぐ会議」を選ぶ

　　　→手軽に素早く共有可能

（2）「予定表」から日時等を選ぶ

　　　→開始前からの入室・オプションで発表者の設定等が可能

活動の概要

　各教科等の学習に共通する Teams を活用した Web 教室の作り方を紹介する。休校時を想定したため，学校の教室で45分間取り組んだ授業を再現するのではなく，家庭で学習するという環境を踏まえた学習活動の設計の工夫を行っている。

活動の流れ　題材例）4年算数「がい数」3時間目／9時間

1　前時の振り返りを行う（5分）

　事前にアンケートフォームやチャットで学習の感想を集めたり，学習者全員のマイクを ON にした活動をしたりすることで，双方向性が生まれる。

T　「四捨五入が難しい」という子のためにフラッシュカードを使います。

C　（586741905を一億の位まで）6億！（4635872を上から2桁で）460万！…

2　課題の説明を行う（5分）

　Word 等で配布資料を作成して，画面を共有しながら説明。併行してチャ

ット機能を活用することで，テキストで交流したり資料を配布したりする。

T　まず「さんすう刑事ゼロ」[1]の「四捨五入」の番組を各自で見て，登場人物の刑事になりきって，詐欺事件を解決しましょう。次に，感想をFormsで入力しましょう。最後に，教科書・ドリルの◯ページの問題を解きましょう。わからないことがあった時は，先生に通話やチャットで聞いてくださいね。

留意点

・マイクのミュートとチャットを戦略的に活用する

　授業中，学習者はミュート（無音）にしないと，教師の発言が聞き取りづらくなる。よって，発言する時のみミュートを解除する（マイクのマークのボタンを押す）操作に学習者が慣れておく必要がある。しかし，多くの参加者の中で自分だけミュート解除するのは勇気が要るだろう。そこで，チャット機能も併行して活用することが挙げられる。その際，教師は学習者のコメントを適宜拾い上げながら，授業を進行するスキルも求められる。

・既存の学習コンテンツを適切に活用することで動機付けを行う

　すべての授業動画を教師が作る必要はない。学習者の興味関心を引き出せるコンテンツを有効活用して，家庭でも意欲的に学べる工夫が必要である。

・録画とテキスト等，複数の記録を残しておく

　家庭に端末環境を整備してもらう場合，スマートフォンであれば通信料も考慮する必要がある。視聴する時間の確保も必要となる。よって，資料を読めば課題に取り組めるようなテキストも併せて提示することも大切である。

アレンジ

　学級全体でライブ授業を行った後，「プライベートチャネル」という機能を活用して，少人数のグループで編成された会議室を設置することで，対話的・協働的な学習を促す学習活動を設計することもできる。　　　（小池翔太）

(1) さんすう刑事ゼロ（NHK for School）https://www.nhk.or.jp/sansuu/keiji/

27 G suite で双方向の学び，振り返り学習をしよう

[教材名] 水産業について / 各教科の振り返り

[時　間] 10分～45分

[ハード面] PCやタブレット

[ソフト面] Google Slides

活動の流れ① 双方向の学びの例

　5年生の社会，水産業の単元の実践を紹介する。課題は「日本の水産物を一つ選び，なぜその土地でとれているのかを説明しよう」というもの。この課題を行った際に，以下のようなコミュニケーションが起きた。

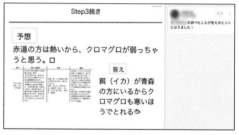

　児童Aはイカについて調べ，青森と石川でよくイカがとれることを知った。その理由としては①青森の方に餌が豊富だから。②産卵のために南下するから。という

ことである。上の画像はそれをまとめた資料であるが，その資料を見てマグロについて調べていた児童Bは「マグロの餌はイカであり，イカが集まるところがマグロの漁場となっている」と考えた。なかなか適切な資料にたどり着けず，困っていたところで児童Aの資料を見，ヒントを得たのだという。このような活動の後，「漁場」「潮目」といった抽象度の高い用語を説明することで非常に高い理解を示すことができた。もちろんクラスの児童にもこのコミュニケーションは伝え，クラス全体の知識にすることができた。

活動の流れ②　振り返り学習の例

　算数の振り返りの実践を紹介する。日々の授業や宿題，テストなどで間違えた問題や難しかった問題の解説を Goolge Slides に保存している。自分一人で解けない問題は過去の「振り返り保管庫」を見ながら解いても良いということをクラスのルールとしている。「振り返り保管庫」の目的は未知の課題を解く際に今までの知識，技術に立ち戻る習慣をつけることである。クラスメイトの振り返りも共有することで振り返り自体も双方向の学びにすることができる。

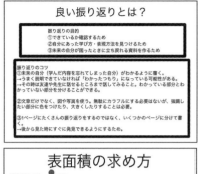

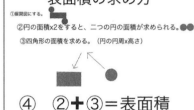

留意点

　ICT は双方向の学び，振り返り学習に力を発揮すると考えている。特に双方向の学びの際はいくつも答えが出るようなオープンエンドな課題を出すと良いだろう。そうすることで子ども達の交流も盛んになるだろう。

　今回の寄稿文を通して改めて考えたことは「教育をより良いものにすること」が ICT を推進する目的であり，休校の代替措置に止まってはいけないということだ。未曾有の危機により，教育に求められていくことは大きく変化していくだろう。9.11，リーマンショック，3.11，そして今回のコロナウィルス後の世界。今までも，そしてこれからも社会の形は変化し続けていく。そのような時代にはタフに，しなやかに生きていく術とお互いを思いやる心が必要だ。子どもたちのみならず我々大人たちにとっても ICT の技術，そして教育の力がよりよい社会を築く糧になればよいと考えている。

（五木田洋平）

28 Zoom 会議を配信しよう

[ツール] Zoom，YouTube

[教材名] 保護者会・学校説明会等

[時間] 30～60分程度

[ハード面] ネットワークに繋がった PC，Web カメラ

[ソフト面] Zoom の Pro アカウント，YouTube でライブ配信可能なアカウント

活動の概要

　Zoom で行うオンライン会議は，距離に関係なく人々をつなぎ，コミュニケーションをとることができる。大人数が参加できたり，会議を録画できたり，リアルの会議よりも使い勝手のいい機能もある。本項では，Zoom 会議を YouTube へ配信して大勢の方が手軽に視聴できる方法について説明する。

活動の流れ

1 Zoom での準備

　「設定＞ミーティング」にて「詳細＞ミーティングのライブストリーム配信を許可」の項目を ON にする。

2 YouTube の設定

　使用するアカウントで YouTube にアクセスし，「（右上の）作成＞ライブ配信を開始」をクリックしてから，新しいエンコーダー配信の設定をする。タイトルなど必要事項を入力し，配信範囲は「限定公開」にする。入力が済

んだら「エンコーダー配信を作成」をクリックする。次に表示される画面の情報が，配信を始める時に必要になる。

3 視聴用 URL の取得と告知

右の画面右上の矢印（○）をクリックすると，YouTube ライブの URL が表示される。これを視聴者へ配布する。

4 Zoom 会議の開始と設定

会議の開始後，画面の右下から「詳細＞ライブ中カスタムライブストリーム配信サービス」をクリックする。

5 Zoom と YouTube ライブの接続

次に表示される画面から，3 の画面に表示された YouTube ライブの配信情報を次のようにコピーする。

YouTube での項目		Zoom の設定項目
ストリーム URL	→	ストリーム配信の URL
ストリームキー	→	ストリーミングキー
3 の視聴用 URL	→	ライブストリーム配信ページの URL

入力後に「Go Live!」ボタンを押す。権限の付与は全て許可する。

6 ライブ配信開始

3 の画面の右上の「ライブ配信を開始」ボタンを押すと，Zoom 会議の画面の配信が始まる。だいたい30秒遅れくらいで配信画面に反映される。

留意点

Zoom には会議を録画する機能がある。終了後に公開することで，参加できなかった人のフォローが可能である。

アレンジ

環境に応じて Facebook や他のストリーミングサービスも利用できる。

（鍋谷正尉）

29 付箋紙ソフトで子どもたちの考えを可視化しよう

[ツール] バーチャル付箋紙

[教材名] 特になし

[時　間] 特になし

[ハード面] インターネットに接続した PC

[ソフト面] Google Jamboard

[その他] 子どもたちがキーボードでテキスト入力できると良い。

活動の概要

　子どもたちの考えを適宜確認することは活動を豊かにするために有意義である。付箋紙ソフトで考えを集めて可視化することで，子どもたち同士の考えが深まり，活動前後での子どもたちの変容をみとることができる。

活動の流れ

1　付箋紙ソフト「Google Jamboard」にアクセスして準備をする

① Jambord のページ（https://jamboard.google.com/）へアクセスする。

　オレンジ色の「＋」ボタンを押し Jam（付箋を貼る場所）を作成する。

②ページの名前をつける。

　左上の「無題の Jam」という部分をクリックし，活動名（ファイル名）を設定する。

③子どもたちに共有 URL を配布する。

　右上の青色の「共有」ボタンを押し，リンクを取得から，「リンクを知っている全員に変更」を押し，「リン

クをコピー」を押し，右のタブを
「編集者」に変更する。ここで生成
された URL を配布する。

※閲覧者にすると閲覧のみが可能な URL と
なる。

2　アクセスした子たちが付箋を貼っていく

①付箋を貼る。

　「付箋ボタン」をクリックし「テキスト」「色」を
決めて「保存」を押すと，付箋が貼られる。

②付箋の位置や大きさを変える。

　貼られた付箋をクリックしたり引き延ばしたりす
ることで，自由に位置や大きさを変更することがで
きる。

③ペンなどで付箋を囲う。

　画面左のボタンで「ペン」「消しゴ
ム」などを使って，自由に付箋をグル
ーピングしたり，間違った線を消した
りすることができる。手持ちの画像な
どもアップロードして Jam 上に張り
付けることも可能。

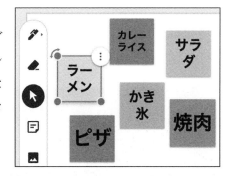

留意点

・機能が単純で自由度が高いため，操作を教えなくとも子どもたちが遊んで
　使うことで使い方を覚えていくことができる。

・使いこなしてくると，友達の付箋をいたずらするような場面が出てくる
　が，それを題材に情報モラルの活動に繋げると良い。

（佐藤正範）

30 誰でもできる簡単学習動画づくり [iMovie編]

［ツール］動画編集ソフトと PC と動画素材

［教材名］特になし

［時　間］編集の時間　慣れれば5分程度の動画なら10分程度で編集可能

［ハード面］動画編集用ソフトが快適に動作する PC

［ソフト面］動画編集ソフト iMovie（Mac 版）

［その他］動画素材，音楽素材

活動の概要

　動画編集ソフト iMovie を使い，スマートフォンやビデオカメラなどで撮影したデータを見やすい素材にする。撮影されたデータは Android スマホや Windows PC では「mp 4」，Apple 系の端末であれば「mov」となり，大体の動画編集ソフトで扱うことができる。本書のなかで登場する動画編集ソフトは画面構成や操作方法が似ているので「iMovie」を例に説明をする。

・素材エリア
　撮影した動画ファイルなどを置くエリア。動画素材は「クリップ」と呼ぶ。
・タイムラインエリア
　クリップをここに　並べたり，切り貼りをしたり，文字や音楽を追加したりして，動画素材の編集状況が時系列（タイムライン）で確認できるエリア。
・プレビューエリア
　再生したときの映像や，時間を止めた状態での様子などを映されるエリア。

1　素材「動画ファイル」を編集ソフトに取り込む

　ほとんどの動画編集ソフトは「素材エリア」上にファイルを移動させるだけで，動画ファイルを取り込むことが可能である（ファイルの場所の指定で

も可能）。ソフトに取り込まれた短い動画素材のことを「クリップ」と言う。

2　クリップを切り貼りする

　必要なシーンだけをつないだり，不要なシーンをカットしたりするには，1つのクリップを分割し，不要な部分を削除する必要がある。マウスをタイムラインエリアの分割したいタイミングにカーソルをもっていき，右クリックのメニューから「クリップを分割」を押すと，クリップを分割することができる。分けたうちの不要な方のクリップを選択し，右クリックのメニューで削除を押すと，必要な部分だけのクリップを残すことができる。他のクリップも同様に編集をしてつなぎ合わせていく。

3　クリップに「文字」や「音楽」を挿入する

　上部のメニューから「タイトル」を選び，文字の表示デザインを選び，タイムライン上にドラッグアンドドロップすると，文字を挿入できる。音楽も同様にタイムラインの下部にファイルをもっていくと，狙ったタイミングで音楽が流れるようになる。音楽ファイルも，動画クリップと同様に切り貼りなどが可能である。

（佐藤正範）

31 誰でもできる簡単学習動画づくり [Filmora編]

［ツール］動画編集ソフト（Filmora 9），YouTube

［教材名］たし算筆算ゲーム

［時　間］2～3時間

［ハード面］スマートフォンやカメラ，PC，インターネット回線

活動の概要

　学習動画を作成するにあたって，伝えたいこと（目的）を明らかにし，それを基に構成，撮影，編集を行う。

活動の手順

1　動画を構成し撮影する

　動画がより良いものになるかどうかを決定づけるのは，動画の構成である。まず，動画を作る際には，何を一番伝えたいか（目的）を明確にし，初めて見る人でも分かるように構成することが重要となる。よろしければ，一度，実際の動画をご覧になり，仕上がりのイメージをもっていただきたい（たし算筆算ゲーム https://www.youtube.com/watch?v=2LmFmPg-45E&t=3s）。

　私はこの動画を作成する際，「筆算技能の習熟」の他，「考える力の育成，算数の楽しさの実感」を目的として位置付けた。その上で，「道具の準備」「ゲームの準備」「ルール説明」という三つの構成とした。

　この場合，撮影は基本的に上記の構成通り3カットで行うことになる。このときに大切なことは，「何をしているか」がしっかりと画面で強調されていることである。重要なタイミングでは，しっかりと手元をアップにして撮影するとよい。

2　動画を編集しアップロードする

　私が編集でいつも気を付けているのは、「だらだらと無駄に長い動画にしない」「テロップの言葉は可能な限り少なく」という二点である。どんなに楽しい動画であっても、長いと飽きてしまう。また、テロップの言葉が多いと、結果的に動画を巻き戻すことになり、視聴者は見るのを止めてしまう場合もある。

　そこで、説明上不可欠なところ以外は、思い切って再生スピードを上げたり、シーンを短くカットしたりする必要がある。更に、映像だけで分かるところに関しては、あえてテロップで補足をしない。必要最低限の言葉で作成していくのである。

　最後に、動画に音楽を入れるとよい。ただし、著作権には十分に気を付ける必要がある。ライセンスのあるものを使うように十分気を付けていただきたい。

　ここまで出来上がれば、後はネット上に動画をアップロードして配信するだけである。YouTube 等でどのように動画を配信すればよいのかについては、紙面の都合上、本項では述べないが、ネットで検索すると詳しい説明が出てくるので、そちらをご参照いただきたい。

3　学習動画で「学びの楽しさ」を発信する

　ここまでに述べてきたように、動画の作成自体はそれほど難しいことではない。大切なのは、初めにも述べたように「何を伝えたいか」である。学習内容を解説するだけであるなら、クオリティの高いコンテンツは既に世にあふれている。私たち教師が普段の授業で大切にしている「学びの楽しさ」を、ぜひ、ご自身のオリジナルの動画で全国に発信していただきたい。

（瀧ヶ平悠史）

32　Google Sites で課題を配信しよう

[ツール] Google Sites

[教材名] なし

[ハード面] ネットワークに繋がった PC

[ソフト面] Google が提供する「Google Sites」

[その他] テキストデータ，動画静止画データ，教育関係サイトの URL など

　準備段階として①Google Sites を立ち上げることと，②児童・生徒に配布する教材などを作っておくことが必要になる。

活動の概要

　児童に取り組んでもらう課題や先生からのメッセージ，学校からの連絡などをサイトに載せる。そして，そのサイトに「Google Sites」を用いる。Google Sites を使う理由として，①無料であること，②リアルタイム編集ができること（在宅ワークが可能になる），③PDF で課題を配信できること（プリントの印刷・配布がなくなる），などが挙げられる。

活動の流れ

1　Google Sites を立ち上げる

2　職員同士でサイトの方向性や運用方法を話し合う

3　テキストや動画の作成，教育関係サイトの URL などを調べる

4　作成した教材などをサイトに埋め込み，配信する

【トップページ】

　全体の目次に当たるページ。学校からのお知らせや学校長のメッセージなどが掲載されており，各学年や専科担当のページもここから入る。個人情報保護のため，学校関係者のみが閲覧できる設定。

【オンラインひろば】

　Zoom を用いた朝の会につながるページ。全学年の URL が掲載されており，児童はこのページから Zoom に入る。パスワードは学校メールで 1 週間ごとに配信し，セキュリティへの配慮もしている。

【学年ページ】

　学年の内容に関わるページ。担任紹介や課題配信等をこのページから行っている。課題は主に PDF になっており，児童は家庭でダウンロード・プリントアウトをして取り組んでいる。

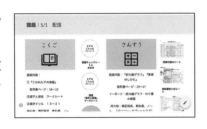

【専科担当ページ】

　主に専科担当が作成しているページ。図工・音楽・体育・家庭科など，それぞれの担当が創意工夫して，児童が家庭でもできるコンテンツを紹介している。コンテンツはテキストのみではなく，動画でも紹介している。

【特別授業ページ】

　普段は体験できない場を提供するページ。主に，ゲストとして学校以外で活躍している社会人の方をお呼びし，講演等をしていただいている。参加は全学年対象で，Zoom を使用している。

留意点

・個人情報に留意する。

（石井康友）

33 Jimdo で素材データベースのサイトをつくろう

[ツール] Jimdo（ホームページ作成 Web サービス）

[教材名] 特になし

[時　間] 特になし

[ハード面] インターネット接続ができる PC

[ソフト面] Jimdo 公式ページ　https://www.jimdo.com/jp/

[その他] 動画素材・音楽素材・素材リンク URL 等

活動の概要

　動画素材や学級だよりなどを，各家庭が見たりダウンロードしたりするためのアーカイブページを KDDI 社の Jimdo という Web サービスで作る。Jimdo は直感的な操作感が特徴で，簡単におしゃれなデザインのページ作ることができる。無料で，基本的なサービスや500MB の保存容量を使うことができる（容量アップ等の有償プランあり）。

筆者の活動アーカイブも Jimdo で作成

Jimdo トップページ「登録する」からアカウント作成

活動の流れ

1　Jimdo のアカウントを作成する

2　質問に答えて仮のページを作る

　右図のように，この段階では文字情報や写真などが Jimdo で用意した適当なものになっている。

3 直すところをクリックして修正する

　仮で作られたページの，文字や写真部分をクリックすれば思い通りに変更することができる。また，準備した写真や動画，PDFファイルなどをアップロードをすれば，綺麗にサムネイルとして並ぶ。データをYouTubeなどの別のサーバーにアップロードしている場合も，URLを指定すれば同様に並べることができる。

変えたい箇所をクリックして
直していく

留意点

・アップロードできるファイルは1ファイル10MBまで（無料プランの場合）。

・情報が多くなった時に，デザインが崩れないよう，情報が増えていく前提でページの構成などの計画を立てておく。

・1つのアカウントごとのページ全体の保存容量が500MBなので，容量が埋まってきたら，別のサーバー等にデータを移しておく。

・新しくアップされた情報は「NEW!」をつけたり，更新情報の日付等を書き換えたりして，使う方（家庭・教員など）側にわかるようにしておく。

アレンジ

　Google Mapsやカレンダー，他のWebサービスとの連携が簡単にでき，学校の予定表などを共有することも簡単に行うことができる。また，HTMLで細かくページを修正したり，問い合わせフォームなども追加することができる。

問い合わせフォームGoogle Mapsの連携

（佐藤正範）

34　ビデオ通話で重要なアイスブレイクをやってみよう

[ツール] ビデオ通話ソフト（Zoom）

[教材名] ビデオ通話ソフトに慣れてみよう

[時　間] 5分程度

[ハード面] ネットワークに繋がったPCやスマートフォンのみ

[ソフト面] 特になし

[その他] 紙とペン

活動の概要

　アイスブレイクは，参加者の緊張をときほぐしたり，コミュニケーションをとりやすい雰囲気を作ったりと，学習目標を達成するための重要な役割を持っている。

　ポイントとしては大きく3つある。1つ目は「緊張をほぐす」こと。オンライン上でも普段と同じように話して良い，やってもいいと思えるような，心理的安全性をつくることができる。2つ目は「モードを切り替える」こと。オフラインからオンラインへの気持ちの切り替えがないままスタートしては，この場に気持ちがすんなりと入ってこない。アイスブレイクを通し，気持ちを切り替えることも大切である。3つ目は「学習内容との繋がりをつくること」。アイスブレイクが活動の中に自然な形で組み込まれていないと，子ども達は「なぜこれをやらなきゃいけないの」と，違和感を覚えることも少なくない。

　オンライン授業のテーマとのつながりや，学習目標の達成のためには，子どもたちの現状を把握することが大切である。アイスブレイクを通じて「オンラインツールで反応できる」「チャット，声，ジェスチャーで意思疎通できる」状態を目指していく。

活動の流れ

1 機材の音声状況と全員の状態を確認し，チャットに文章を書いてみる

T　私の声が聞こえていたら親指を立てて，"いいね"のポーズをしてね。

C　（指を立て"いいね"のポーズ。）

T　今の状態が「いい」という人は親指を上に。「悪い」という人は親指を
　　下げて。微妙な人は，中間あたりに向けましょう。

C　（ポーズを取る。）

T　次に，私が今日の朝ごはんに食べたものを書きます。何か当ててみて。

C　（チャットの機能を画面上で探し，答えが書かれている場所を探す。）

T　見つけられましたか？皆も今日食べたものを書いてみましょう。

C　（チャットに答えをそれぞれ書く。）

2 テーマに応じて回答を描き，見せる練習

T　お題を出すので，紙にペンで描いてみてください。（例：ネコ型ロボット。）

C　（紙にお題を描いて，30秒経過した合図で描いた絵を一斉に見せあう。）

T　全員の作品を見る。「私のお気に入りは○○さんの絵ですね。次は○○
　　さん，次のお題を出してもらえますか」

C　（当てられた人は新しいお題を言う。）

T　みんな，よく描けたね。最後はカメラに向かってハイタッチで終わろう。

留意点

・言葉だけではなく，表情やジェスチャーを織り交ぜて進める。

・キーボード入力が難しい場合は，回答を簡単な英数字に置き換えてもらう。

・お題の絵を見せ合うときに「正解・不正解」「上手い・下手」という言葉
　は使わないようにする。

アレンジ

・例：今日食べた朝ごはんを表示名に追記し，発表の順番を決める（例：朝
　ごはんが甘そうな人から順で作品を見せ合うなど）。　　　　（元木一喜）

35 「学び」と「遊び」と「子ども」をつなごう

[ツール] Microsoft Teams，Microsoft OneDrive

[教材名] アキネイターゲーム

[時　間] 30分程度（活動17分＋その他）

[ハード面] ネットワークに繋がった PC

[ソフト面] Microsoft Teams，Microsoft OneDrive

活動の概要

　活動の目的は，二つある。一つは，新年度以降，学級編成を迎えて一度も顔を合わせていない3年生の子どもたちが，担任や友だちと双方向型オンラインを介して学級開きという形で顔を合わせることで休校期間中の安心感を持てるようにすることである。もう一つは，子どもたちが遊びの中から自分たちなりに目的を見出したり自分なりに工夫を凝らしたりして，遊びの中から「能動的に学ぶ姿勢」を作っていくことである[1]。

　今回の活動「アキネイターゲーム」について説明したい。オンラインアプリ「Akinator」から着想を得た。遊び方は，まず出題者を一人設定し，他は解答者となる。出題者は「キャラクター」「動物」「場所」のジャンルから一つ選び，そのジャンルにおける具体（動物だったらライオンなど）について解答者は出題者に様々な質問を投げかけ，候補を取捨選択していき解答する。この遊びは，場所・人・道具に依らず行うことができ，どんな質問をすれば解答に迫れるかを解答者側が思考する面白さがある。

活動の流れ

1　アキネイターゲームのルールについて確認する（2分程度）

T　今日は，アキネイターゲームをやりましょう。○○さんが，出題者になってください。

2　出題者は「動物」「キャラクター」「場所」からジャンルを一つ選び，その具体を想像する。解答者は質問して，解答に迫る（15分程度）

C（出題者）　私が選んだジャンルは動物です。
C（解答者）　その動物は飛びますか？
C（出題者）　いいえ。
C（解答者）　その動物は寒いところにいますか？
C（出題者）　はい。…（以下，同様のやり取りの繰り返し）
C（解答者）　その動物は，ペンギンですね。
C（出題者）　そうです。

留意点

　Teams を介して行う場合，一度に画面上に表示できる人数は4人である（執筆時）。担任や子どもたちが全員の顔を一度でも見ることができるようにするためには，担任が一人に一回話を振って，その児童の顔を画面上に表示させるなどの工夫が必要になる。また，今回は双方向型オンラインでゲームを実施する前に，Microsoft OneDrive のサーバーを介してアキネイターゲームの遊び方動画を作成して配信した。これは，子どもたちがゲームの具体的な様子をイメージしやすくするために行った。

アレンジ

　現在，上記の動画配信の方法を利用して，遊びを通して経験したことを学びに還元するための動画コンテンツ作成にも取り組んでいる。
　子どもたちが各教科の視点で身の回りの対象を捉えようとすることができるような動画コンテンツを作成し配信する。その後，子どもたちが双方向型のオンラインで個々に取り組んだことを共有する機会を作ることを検討している。

（鴻巣　敬）

(1)「遊びが学びに欠かせないわけ‐自立した学び手を育てる」ピーター・グレイ：著，吉田新一郎：訳，2018年，築地書館

36　身の回りのモノでアイデアストレッチ

[ツール] Zoom 等のビデオ会議ソフト

[教材名] トイレットペーパーで体のスイッチ ON！！！

[時　間] 5分程度

[ハード面] インターネット接続ができる PC

[ソフト面] Zoom や Teams などのビデオ会議ソフト

[その他] 1畳程度の空間　安全なモノ（例：トイレットペーパー）

活動の概要

　オンライン授業などは朝方に実施することが多く，子どもたちも寝起きのまま参加してしまうようなことがある。そこで，オンライン授業の最初に，楽しくストレッチ等をすることで体を目覚めさせることを狙う。実際には小学校5年生で実施をした内容だが，安全面への配慮があれば低学年でもできる内容である。

活動の流れ

1　ストレッチをする場所を確保する（1分）

　教員側も子どもたち側も，手を伸ばしたりしたときに，モノにぶつかったり，バランスを崩したときに怪我が起きない程度の1畳位の場所を確保するように伝える（オンライン授業の告知時に予め各ご家庭に伝えておくとよい）。

2　どの家にもある安全なモノを子どもたちにもってきてもらう（1分）

　予め準備した道具を使うのではなく，「トイレットペーパーもってきて！」と子どもたちに声をかけることで，ワクワク感が高まる。どの家にもある安全なモノを指定すると良い（例：タオル・靴・動きづらい椅子など）。

3　先生がストレッチを例示して子どもたちと一緒に体を動かす（3分〜）

　最初に，手首や足首，頭などを少し体操を行ってから始める。頭の上にト

イレットペーパー等を乗せてバランスをとったり，手で持って全身伸ばすなど，簡単なものから始める。ストレッチ後には，肩や，足にトイレットペーパーを載せてバランスを取るような楽しい運動などをしていき，徐々に負荷をかけていくようにする。

オンライン授業時に例示をしている様子

留意点

・安全確保のため，場所の確保時には，必ずオンライン越しに先生側は子どもたちの状況を把握して，必要に応じて「その椅子をずらせる？」などの声をかけるようにする。

・遠隔での安全確保が難しいため，メニューは安全第一で考え，競争させたり，投げたりするような内容ではなく，自分の身体の動き方をじっくり感じられるような内容を扱っていくようにする。

アレンジ

　ブレイクアウトルームなどを活用して，バランス表現をチームで考えたり，お互いがモノの使い方を考えて，ストレッチメニューをつくるような活動も考えられる。面白いアイデアはメインルームに戻ってから全体で共有をする。

子どもが考えた「ブリッジのお腹の上に
トイレットペーパーを置くバランス」

（佐藤正範）

37 絵を根拠にお話を考えストレージで共有しよう

[ツール] オンラインストレージ（Google Drive など）

[教材名]「かえるの　かさ」（学校図書 1 年上）

[時　間] 30 分 × 2 （or 3 ）回程度

[ハード面] ネットワークに繋がった PC，可能であればプリンター

[ソフト面]　オンラインストレージ（Google Drive など）

[その他] ワークシート

活動の概要

　本実践は，物語の挿絵のみを見て，考えたお話を共有し，感想を伝え合うというシンプルな活動である。「どんなお話をつけたか」ではなく，「なぜ，そういうお話を考えたか」を重視したい。例えば「学校から帰っているとき」という記述があったとしたら「なぜ，"学校から帰っているとき"だと思ったのか。」と問うことで，挿絵の情報であるランドセルを背負っていることや，学校帽を被っていることを根拠として出させたい。このように，根拠を挿絵から探すことで，論理的に考える礎にしていく。

活動の流れ

1　活動の流れを説明する（5 分）

T　これから 5 枚の絵を順番に見せます。5 枚の絵だけを見て，何が起こっているか，誰がどんなことをしているか考えましょう。

2　それぞれの挿絵に対して，何が起きている場面か想像する（20 分）

T　絵を見てそれぞれの絵にお話を考えましょう。

3　書いたものを写真に撮り，オンラインストレージに入れる（5 分）

T　お話を書いた紙を写真に撮って，オンラインストレージに入れましょう。

4　それぞれが想像したものを共有し，「いいね！」などを送る（15 分）

T　友達が書いたものを読んで「いいね！」を送りましょう。

C　A君のお話は，「」がついて，男の子やカエルも喋っているよ。

C　出ている人の様子だけじゃなくて，周りの様子も書いている人がいるよ。

5　教科書の話がついている物語を読み，感想を書く（15分）

T　実は，この絵にはお話がついています。本当のお話を読み，読んだ感想を書きましょう。他に気付いたことや，思ったことを書いてもいいです。

C　葉っぱが大きくなって，本当の傘みたいにさしているから面白いです。

留意点

・会話文や情景などについては教師側から例示せず，子どもから出たものを共有し広げていく。

・5の感想については，面白かったかどうか，その理由などの視点を与える。

アレンジ

【実態に合わせたアレンジを行う】

　保護者の在宅状況，家庭のICT環境が異なるため，低学年での同期の活動のハードルは高い。非同期中心でシンプルな活動にすることで，自分のペースでできる活動にしていく必要がある。

　また，1年の最初と2年の最初では，書字指導が行えているかどうかを始めとして，かなりの差がある。2年生であれば，ワークシートさえオンラインストレージで共有できれば十分にできるが，1年生の入門期には，導入動画を見せたり，保護者へ補足説明をつけたりする支援が必要である。

【中高学年での転用】

　教材を長文にすることで，複数時間の活動にすることもできる。連載小説のように定期的に配信し，次回の展開の予想，感想の共有という繰り返しで行うと高学年にも転用することもできる。

（曽根朋之）

38 虫食い筆算で考える力を育もう

[ツール] Zoom

[教材名] たし算の虫食い筆算にチャレンジ！

[時　間] 30分程度

[ハード面] ネットワークに繋がった PC，ペン入力できるタブレット

[ソフト面] プレゼンテーションソフト（PowerPoint, Keynote 等）

[その他] 事前に，「虫食い筆算」を掲載したスライドを作成しておく。

活動の概要

　本時の学習の目的は，たし算の筆算の仕方を考えることを通して，十進位取記数法の理解を深めることである。「虫食い筆算」の，どの記号が先に分かるのかを検討することで，繰り上がる場合の筆算の仕方や，その意味についての理解を深めると共に，考える力を育んでいくことができる。

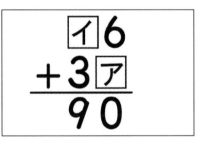

活動の流れ　題材例）「たし算の虫食い筆算」

1　たし算の虫食い筆算を提示する（10分）

T　前回学習した「たし算の筆算」をやってみよう（上記の筆算を見せる）。

C　あ！　数が記号のところがあるよ！

T　記号の数が何か，考えてみましょう（個々に考える時間を取る）。

C　イが分かるよ。

C　いや，アの方が分かったよ！

2　どちらの記号の数が先に分かるのかについて検討する（10分）

T　アとイ，どちらの数の方が先に分かりましたか？　アかイ，どちらかを

紙に書いて，一斉に画面に映しましょう（紙をカメラに向けさせる）。

T （イと解答した子を指名）

C イ＋3＝9だからイは6だと分かる。

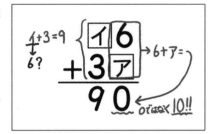

C え？イは6じゃないよ。だって，一の位の答えが0ということは，必ず繰り上がっているはず。

T イが6ではない理由について，友達と確認しましょう（Zoomのブレイクアウトルーム機能を使う）。

3 考え方を整理する（10分）

T では，改めて。どうして，イは6ではないと言えるのかな？

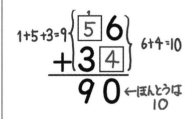

C 一の位が0ということは，6＋アで10になって繰り上がるはず。だから，アが先に分かって4だよ。

C そうそう。イは繰り上がった1＋イ＋3＝9だから5だよ。

T では，今度はイが5になる理由について友達と確認してみましょう。

留意点

・初めに「ア，イのどちらの数が先に分かったか」を判断させ，「なぜ，こちらの数の方が先に分かったか」を問うことで話し合いを焦点化する。

・児童の発言を，スライドに書き込む。このとき，ゲスト参加させておいたタブレットを使ってペン入力すると，板書のように整理しやすい。

・ブレイクアウトセッションでは，教室で行う場合よりも何について話すのかについて，十分に確認してから行う。

（瀧ヶ平悠史）

39 オンラインで始める学校と友だち

[ツール] Zoom

[教材名] がっこうたんけん／あそびにいこうよ

[時　間] 1コマ30分を2日間に分けて

[ハード面] ネットワークに繋がったPCやタブレット端末

[その他] Zoom 学校探検ではキャラクターを用意した。探検は人数がいた方が盛り上がる。パペットを2体用意した。友だちとの交流の時間には，前もって名前や好きなものの絵を描いたカードを用意させた。

活動の概要

　一度も登校することなく始まった1年生のオンライン学校。子どもたちが「学校って楽しそうだな！　早く行ってみたいな！」と感じられるように，バーチャル学校探検と，子どもたち同士の交流を2コマにわたって行った。

活動の流れ

【1コマ目　バーチャル学校探検】

1　学校の紹介（5分）

T　今日は，学校探検に出かけますよ。学校ってどんなところかな？

C　たくさん教室がありそう！　遊ぶものもたくさんありそう！

2　iPadにキャラクターを映し出しながら，学校を見学する（20分）

T　さあ，ここから学校に入ります。

T　荷物はここに掛けます。自
　　分の名前のシールが貼って
　　あるよ。

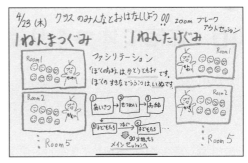

　正門に入り，下駄箱，廊下の
荷物がけ，そして教室や自分の
席など。ゆっくりと教師が映し
出しながら，ガイドを行う。パ
ペットを使って話をすると，楽しい雰囲気がさらに増す。BGM なども使う
とさらに効果的か。

3　学校探検終了（5分）

T　学校がどんなところか，感じることはできたかな？　ききたいことや，
　　もっと見たいところはありますか？

C　「理科室！」

C　「6年生の部屋！」

【2コマ目　友だちと遊ぼう】

1　活動の説明（5分）

T　学校には，友だちがたくさんいます。今日は，小さいグループをつくっ
　　て，友だちと自己紹介をし合ったり，遊んだりしましょう。各グループ
　　に1人ずつ先生がつきます。先生たちを紹介します。

2　ブレークアウトセッション（1グループ7〜8人）での交流（20分）

C　ぼくの名前は○○です。好きな動物は，犬です。よろしく。

　一通り自己紹介が終わったところで，教師がファシリテートし，じゃんけ
んやしりとり，にらめっこなどの遊びを行った。

3　交流終了（5分）

T　友だちと仲良く話したり，遊んだりすることはできたかな？

（加藤朋生・桑野有加子）

40 在宅で体つくり運動をしよう

［ツール］ホームページ・ビルダー，Zoom

［教材名］体つくり運動

［時　間］30分程度

［ハード面］ネットワークに繋がった PC，タブレット，携帯電話

［ソフト面］学校の HP

［その他］強度のある棒状な物，新聞紙（チラシ），ボール，ふうせん

活動の概要

　この不測の事態において学校で行えていた体育をそのまま家でも行おうと考えると行き詰まってしまう。在宅だからできる体育は何かと考え方を変えてはどうだろうか。在宅であるのは子どもだけではなく保護者もそうである。そこでこの在宅だからできる親子との時間を活用するのである。また教具に関しても家にある身近なもので一緒に作ること。結局は，**実際に家で教具を一緒に作ることができ親子が取り組めること**。これこそが在宅中の体育授業のキーワードになると考える。そんな中，私が考える在宅での体育授業を体つくり運動を中心として紹介していく。

活動の流れ

1　家の中でもできる体操（5分）

　体育授業の前に行う準備運動では，学校独自で考えた体操（自校体操）を行う学校がある。それを家でもできるように学校の HP に動画を更新することで身体を動かすきっかけになると考える。自校体操がなければラジオ体操で良いだろう。1928年に作られ理にかなった身体の動かし方ができている為とても効果的だと考える。家の中で身体を動かすきっかけになるからだ。

2　家の中でもできる握力・投力向上（10分）

握力向上では，保護者の手や腕にぶら下
がるのである。保護者側が辛いのであれ
ば，強度がある棒状な物の両端を逆手で保
護者が持ち，真ん中を子どもがぶら下がる
のでも良い。投力向上では，紙鉄砲をしっ
かりと振りかぶって鳴らす。また，紙鉄砲
を複数用意し，鳴らして何秒かかったかなどの対戦方式にすることで競争が
生まれ楽しくなるだろう。その際，競争だけにとらわれず，しっかり音が鳴
らなかったらやり直しをするなどのルールを設けて行わせることが大切であ
る。

3　家の中でもできるボール遊び（15分）

・ボール回し

　長座で背中合わせになり30秒間で時計回
りに何回ボールを渡せたかを行う。また，
地面にボールをつけて回すことで柔軟性を
高められる。開脚で行うのも良いだろう。

・ふうせんキャッチ・バレー

　風船が落ちないように体の様々な部分を使いながら浮かせ続ける。次に，
風船を上に投げて捕るまでに何回手を叩けるかを行う。最後に風船を上に投
げて捕るまで何回その場で回れるかを行う。また親子で風船バレーをするこ
とで楽しく運動が続けられる。

留意点

・運動強度や運動量の問題はあるがそれよりも先に身体を動かす喜びや楽し
　みを低学年では味わわせることが必要である。
・教師側が子どもたちに身に付けさせたい動きを把握することが重要である
　る。

（岡田尭彦）

41 自己紹介の似顔絵を紹介しギャラリーで鑑賞しよう

[ツール] Adobe Portfolio, Adobe Lightroom, Zoom／Microsoft Teams 等の会議支援
ツール, Proself

[教材名] はじめまして　よろしくね

[時　間] 30分程度

[ハード面] ネットワークに繋がった PC もしくはタブレット端末。デジタルカメラ
等の絵を撮影できるもの。

[ソフト面] Proself 等のクラウドストレージ

[その他] 画用紙。クレヨン・マジック・色鉛筆などの描画材。

活動の概要

　活動の目的は，子どもたちの作品づくりを通
して，自分自身を表現し，また他者を理解し受
け入れることによって，コミュニケーションを
取れるようにすることである。主に子どもたち
の出会いの場での活動に用いるが，教師との初
めての出会いの場でも用いている。それを，

Zoom などの会議支援ソフトで行う。自分の似顔絵や好きなものなどを描く
などして自己紹介しあう活動である。

活動の流れ

　本校は 2 年生から専科が図工の授業を行う。
最初の授業では教師に自己紹介してもらうため
に活動を組む。

1　活動の趣旨について説明する（5分）

T　今日は先生がみんなを覚えられるように，自分の顔を描いてもらってい

ます。顔だけじゃつまらないので，ほかに好きなものも描いていいよ。

C　好きな食べ物描いていい？

T　どうぞ。

C　絵が下手だから似せてかけないよ。

T　実は人間ってどう顔を描いても自分に似ちゃうんだよ。

2　**思い思いに絵を描く（15分）**

3　**早くできた子ども数名に発表してもらう（5分）**

T　○○君はかけたみたいだね。絵を見せながら発表してくれるかな。

4　**まとめ（5分）**

留意点

・ギャラリーをネット上につくる。

　時間に制限があるため十分な制作時間が取れない。時間内に描けなくてもいいのでゆっくり描いてもらう。後ほど保護者に写真を撮ってもらい，Proself 等セキュリティを確保されたクラウドストレージに送ってもらう。その画像をAdobe Portfolio, Adobe Lightroom などを使ってギャラリーをつくりアップする。

・ギャラリーにパスワードをかけ，クラス内だけで鑑賞できるようにする。

　Adobe Portfolio は，パスワードがかけられる。子どもたちがいつでも自由に鑑賞できるようにする。（パスワードをかけられるので顔や名前もアップできる。）

アレンジ

　このように，Adobe Portfolio, Adobe Lightroom を使うことで，子どもたちがつくった作品をネット上にポートフォリオとすることができる。

（桐山卓也）

42 スライドショー・アプローチで世界の見え方を変えよう

[ツール] Zoom

[教材名] 感動，畏敬の念

[時　間] 30分程度

[ハード面] ネットワークに繋がったPC

[ソフト面] スライド写真（見た目に美しいもの，行為の美しいもの）

活動の概要

　まず，スライドショー・アプローチについて説明させてほしい。

　スライドショー・アプローチとは，学び（知の更新）を学習者が自覚する手法である。メタ認知的に自分の学んだことをはっきりと自覚させる方法はないかと考え，この方法を発案するに至った。

　スライドショー・アプローチは5つのステップを行う。

1．学習の内容に関する写真（または動画）を見る。
2．児童は，その動画についての感想を書く。
3．授業をし，児童は知を更新する。
4．1で見た写真（または動画）を見る。
5．児童は，その動画についての感想，2との違いを書く。

　知の更新（学び）前後の変化を客観的に知ることができ，知を更新したことで，世界の見え方が変化していることを自覚することができるというものだ。知の更新が，世界の見え方を変化させることを感じた児童は，学ぶことへの興味を高めることができる。

　スライドショー・アプローチをするために，効果的なスライドの提示は大切になる。学校内では，このセッティングに時間と労力がかかる場合もある。一方，オンライン授業では，各自の端末でスライドを見ることができるので，オンラインによるメリットは大きい。

活動の流れ

1　事前のスライドショーを見る（5分）

　美しいと感じるものを写真で見せる。その中に，ゴミを拾う姿やあいさつする子どもたちの写真を入れておく。

2　写真を振り返る（5分）

T　たくさん，「きれいだね。すごい」って声があがっていたけれど，どの写真でそう思ったの？」

　美しいと感じることが，それぞれに違うことにも気付きながらも，風景や見た目の美しさを狙ったものではない写真に，話題を移していく。

3　知の更新を目指す時間（10分）

T　美しいとは，どういうものなのかな。

C　キラキラしているもの。色がきれいなもの。

　美しいというのは，「目で見て美しいもの」と「心が美しいと思うもの」と2つあるのかもしれないというような着地点になるといい。

4　事後のスライドショー（5分）

　授業のはじめに，子どもたちと見たスライドを再度，見る。

5　授業の前と比べる（5分）

　ブレイクアウトルームに移って3，4人で発表し合う。その後，全体に戻り，感想をシェアする。

T　授業の前に見たときと，同じ写真ですが，感じ方に違いがありましたか？友達と話し合ってみましょう。

アレンジ

　スライドショー・アプローチは他教科でもできる手法なので，道徳に限らず色々な学びの場面で用いることができるので，試してもらいたい。

（沼尻　淳）

43 お互いの共通点や相違点を見つけながら少人数で対話しよう

[ツール] 非同期型ツール：Google Forms，Microsoft Forms，Google Classroom

同期型ツール：Zoom

[教材名] 山小屋で三日間すごすなら（光村図書3年上巻）

[時　間] 30分程度

[ハード面] ネットワークに繋がったPCかスマートフォン・タブレット端末

[ソフト面] Google Classroom，Google／Microsoft Forms

　Zoom等の同期型ツール（ホストがミーティングを複数のセッションに分割することができるが可能なソフトであるとよい）

活動の概要

　活動の目的は，少人数のグループをもとに，お互いの共通点や相違点を見つけながら対話し，話す・聞く力を高めることである。グループで話し合い活動をしづらい今だからこそ，Zoomのブレイクアウト機能を活用し，小グループで活動をすることができる。話し合い活動をよりスムーズに行うため，事前にGoogle／Microsoft Formsで「山小屋で三日間すごすなら，どんなことをしたいか」についてアンケートをとって集計しておき，話し合いの中で活用するよう促す。

活動の流れ　グループで話し合って，山小屋でしたいこと3つを決めよう

1　本時の課題を確認し，事前のアンケート結果を知る（5分）

T　今日は「山小屋で三日間すごすとしたらどんなことをしたいかを話し合って決めよう」という学習に取り組んでいきます。みんなには少し前にアンケートをとりましたね。まずはその結果を見てみましょう。

C　やっぱりバーベキューが多いな。

C　その他は少ないけれど，私はキャンプファイヤーをやってみたいな。

2　アンケート結果をもとに，Zoom のブレイクアウト機能を活用して，学習課題について，小グループで話し合う（15分）

T　それでは，グループで話し合いをしていきましょう。話し合う時には，お互いの意見の同じ所や違う所に注目して，聞き合えるとよいですね。司会のような人を立てると話し合いがよりスムーズに進むかもしれません。

C　ぼくは星空観察がしたいです。山でないとできないことをしたいです。

C　たしかにいいね。川遊びは山でなくてもできそうだね。

C　星空観察は夜にやることだよね。昼間にやることも決めてみない？

3　本時の学習をふり返り，次の授業までに準備しておくことを知る（10分）

T　それでは，今日のグループでの話し合いを振り返りましょう。

C　せっかく山に行くんだから，山でしかできないことを中心に話し合いをすることができたので，すんなり決めることができました。

T　次の話し合いに生きる大切なことを学ぶことができましたね。次は同じグループで「その3つをするために，どんなものが必要か」を話し合います。

留意点

　ブレイクアウトルーム機能は，自動でメンバーを割り振りすることもできるが，配慮を要する児童同士の組み合わせの問題やグループ間で学習の質に差が極端に出ないよう，教師が手動で割り振るとよいだろう。

アレンジ

　ホストである教師は全グループの話し合いの様子を観察できるので，望ましい話し合いができているグループの話し合いを録画し，授業後に Google Classroom やオンラインストレージにアップして，見ることができるようにしておくとよいだろう。

（久保田旬平）

44 Zoomで「つなぎ言葉」の例文と感想を共有しよう

［ツール］特になし

［教材名］「つなぎ言葉のはたらきを知ろう」（光村図書4年上）

［時　間］30分程度

［ハード面］ネットワークに繋がったPCのみ

［ソフト面］Zoom，課題プリントなどを家庭と共有できるドライブ

［その他］国語教科書。教科書をもとにWordなどで作成した「つなぎ言葉」の課題プリントを，共有ドライブにあげておき，前もって子どもたちにダウンロードさせておく。

活動の概要

　活動の目的は，「つなぎ言葉」の役割を理解しながら例文を考え，オンラインを利用して友達と考えを交流することである。教師が作成した課題プリントに，前もって取り組ませておく。Zoomのチャット機能やブレイクアウトルーム機能を使えば，教師も子どもも少ない準備時間で活動に取り組むことができる。

活動の流れ

1　「つなぎ言葉」プリントの練習問題の答えを確認する（10分）

T　教科書の表と説明を読みながら，プリントの表に入るつなぎ言葉を考えて発表しよう。

C　「でも」と「けれども」は，同じはたらきをする仲間だ。

C　「つまり」は，前の文を説明している言葉だね。

C　「要するに」もそうだね。説明文の中で見たことがあるよ。

2　自分の考えた例文を発表する（10分・5分）

　①教師が指定した文について，後に続くつなぎ言葉と例文をチャットに書

き込む。教師は読み上げるなどしながら子どもの考えた例文を紹介し，価値づけをする。

　②ブレイクアウトルームで例文を発表し，感想を伝え合う。（発表の仕方，感想の伝え方を前もって指導しておく。）

3　友達の考えた例文についての感想を，全体に向けて発表する（5分）

T　交流で知った友達の例文について，良かったところや感想を発表しよう。

C　前半は同じ文なのに，「だから」とつなげた人と，「しかし」とつなげた人がいて面白かった。

C　みんな，伝えたい内容に合う「つなぎ言葉」を選んでいた。

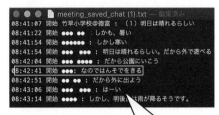

実際の活動時のチャット欄の様子：
教師の発問への作文ではなく、友達の書き込みに対して、返す様子が見られたのはチャット機能を使った活動の面白さである。

留意点

・子どもによってタイピングの速さや能力に差があるため，事前に簡単なタイピングゲームなどを行っておくとよい。

・チャットの情報はテキストデータが残るため，遡って見直す事ができるが，ブレイクアウトルームで対面して直接伝え合う時間を作るようにする。

・チャットのデータは保存しておき，学習の振り返りとしてプリントにまとめ，後日共有する。

（高須みどり）

45 動画による問題解決的な学習で数の面白さを実感しよう

［ツール］動画作成ソフト

［教材名］□に入る「連続する数」を考えよう（トピック学習）

［時　間］30分程度（動画10分＋その他）

［ハード面］ネットワークに繋がったPC

［ソフト面］配信動画を見ることができる環境，YouTube

　本活動は，動画を介した活動である。事前に，3種類の動画を作成する。取り扱う題材は，できる限り知識・技能に留まることなく，子供たち自身が新たな問いをもつことにつながりうるようなものが望ましい。

活動の概要

　活動の目的は，連続数を用いた加法の式について考えることで，思考力や創造力を育成することである。一方向によるオンライン学習だが，可能な限り問題解決的な学習を実現するために，「問題提示」「ヒント」「解答」の3種類の動画を活用する。

　10分程度の時間をあけて，動画を順にwebにアップし，児童に問題解決を促す活動である。

活動の流れ

1　問題を提示する（動画4分）

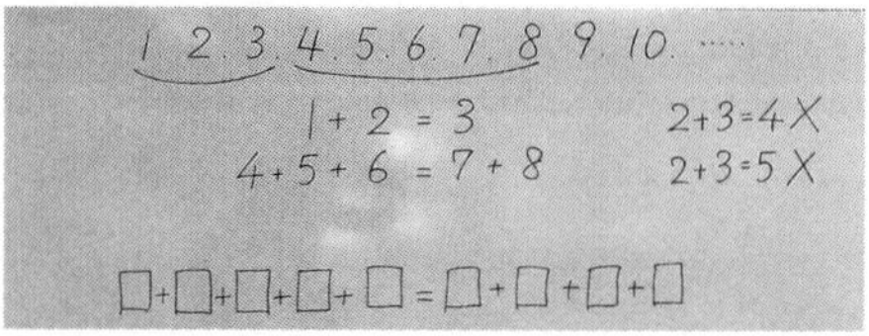

T　連続する数を使って，たし算の式を作ります。

　例えば，1＋2＝3であればよいですが，2＋3＝4だと答えが正しくないですし，2＋3＝5だと数が連続していません。4＋5＋

$6 = 7 + 8$ も，どちらも15なので正しい式です。

では，次の□に入る連続する数は何かを考えてみてください。

$$□ + □ + □ + □ + □ = □ + □ + □ + □$$

2 ヒントを提示する（動画2分）

T では，ヒントです。まず，$1 + 2 = 3$ と $4 + 5 + 6 = 7 + 8$ の式を見て，何か気付くことはありませんか。＝の右と左にある数の個数を数えると，それぞれ一つずつ増えていることが分かりますね。

問題の式だけを考えるのではなく，それぞれの式とのつながりを考えていくとよいですよ。

3 解答と新たな問題提示（動画4分）

T それでは，答えを発表します。この問題は，上から順番に式を考えていくことがポイントです。$4 + 5 + 6 = 7 + 8$ の次に，下の式が入ります。

$$9 + 10 + 11 + 12 = 13 + 14 + 15$$

続きの数を考えると，問題の答えは，次のような式になります。

$$16 + 17 + 18 + 19 + 20 = 21 + 22 + 23 + 24$$

最後に，もう1つ問題です。この4つの式の先頭にある数（1，4，9，16）に注目します。この4つの数にはある共通点がありますが，それは何でしょう。

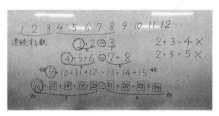

分かった人は，ぜひ学校で先生に教えてください。

留意点

・最後の新たな問題の回答は「提出課題」として設定し，子供たちが受け身の姿勢に留まらないように配慮することが大切である。

（西條俊介）

参考文献 『授業で使える！算数おもしろ問題60』東洋館出版社，細水保宏編著，2016

46　協働で問題解決の力を高めよう

[ツール] オクリンク（ミライシード）

[教材名] 問題を見いだそう／予想や結果，考えを共有しよう（東京書籍，4年「電流のはたらき」）

[時　間] 20～30分程度（子供が機器操作やアプリに慣れていることが前提）

[ハード面] ネットワークに繋がった PC

[ソフト面] ミライシード，Zoom／Teams／Google Meet など

[その他] 質問づくりの方法[(1)]の活用，内容（単元）によっては実験器具

活動の概要

　小学校理科で育成を目指す資質・能力の1つに「問題解決の力」がある。更には学年を通して主に育成する問題解決の力が具体的に示されており，3年生では「問題を見いだす力」，4年生では「根拠のある予想や仮説を発想する力」が挙げられている。オンラインでもこれらの力の育成のために，授業支援ソフトを活用して子供たちが協働的な学習になるようにしていく。

活動の流れ①　問題を見いだす場面（質問づくり）

1　グループで疑問を出し合う（例示実験や映像を示した後，10分）

T　疑問に感じたことをオクリンクのカードに書き，グループ内の友達に送り合い，疑問を共有しましょう。できるだけたくさん出しましょう。

C　モーターカーはどうやったら速く走るのかな？

2　質問を絞る（10分）

T　たくさん出た疑問から，ベスト3（グループで大切だと思う順）を決めましょう。

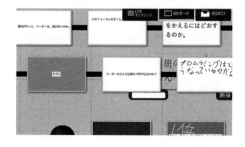

C この疑問を調べたら電流の働きが分かりそうだから，1位にしよう。

3 疑問を全体で共有する（5分）

T グループでベスト3に絞った疑問をクラスの全員に送り，疑問を共有しましょう。

C ○班の疑問は自分も調べてみたいと思った。

活動の流れ② 予想や結果等の考えの共有場面

1 問題に対する予想を発想する（10分）

T モーターカーが速く走る回路を予想しましょう。なぜそう思ったのか，理由も併せてカードに書きましょう。イラスト等を入れても構いません。

C Aさんの予想は自分と違ったのですが，その理由に納得しました。

2 結果を共有する（10分）

T 回路ごとのモーターの回る様子の記録をみんなで確認しましょう。

C どれも同じ結果だったから，直列回路がモーターを速く回すに違いない。

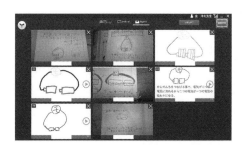

留意点

・グループで話し合いを行わせる時はブレイクアウトルームやチャネルのようなグループ分け機能のあるテレビ電話アプリを併用することが望ましい。

（金　洋太）

(1) 質問づくりの方法（Question Formulation Technique）：『たった一つを変えるだけ』（ダン・ロスステイン／ルース・サンタナ著：2015，新評論）で示されている，自ら問い，自ら学ぶための手法。

47 テキストマイニングを使って学習問題づくりに迫ろう

[ツール] テキストマイニングツール，Google Forms，Microsoft Forms

[教材名] 都道府県の学習／東京と言えば？

[時　間] 45分

[ハード面] ネットワークと接続している PC，プロジェクター，スクリーン

[ソフト面] Google Forms，Microsoft Forms，児童入力用フォームの作成，オンラインサービス「テキストマイニング」

活動の概要

　本活動では，自分たちが住む都道府県の様子について，すでに見たり，聞いたりしたことがあることなどを出し合い，テキストマイニングを行うことで，自分たちが住んでいる都道府県についてクラス全体ではどのように捉えているかを可視化していく。可視化から，自分が知らなかったことが明確になったり，出された意見には一定の傾向があることが分かったりする。それらをもとにして，都道府県の特徴に迫る学習問題づくりに活用していきたい。

活動の流れ

1　自分たちの住む都道府県について，知っていることをフォームに入力して送信する（10分）

C　（東京都の場合）東京スカイツリーが有名だから入力しよう。

C　ビルが多いから，ビルと書きたいな。

2　Web アプリの入力フォームに児童からの回答をコピーし，文章を直接入力（ペースト）して解析する（5分）

3 ワードクラウド（「UserLocal テキストマイニング」で分析）から，言葉の関連性を捉え，様々な見方や意見があることを確認する（15分）

C 「多い」というのは，人が多いということかな。

C 建物のことが多く出てきたけれど，人や高尾山も出てきた。どれも東京都の特徴なのかな。

4 分析結果を活かして，都道府県の特徴に迫る学習問題づくりを行う（15分）

C 人口のことに注目して調べるテーマはどうかな。

C 山から，自然や地形について調べるテーマはどうだろう。

留意点

・中学年にとって，文字を入力することに困難を感じる児童も多くいることが予想される。漢字への変換にはこだわらず，平仮名入力に特化したり，五十音キーボードや音声入力機能を活用したりするなど，児童の実態に合わせたフォームへの文字入力をさせていきたい。

・大きく表示された言葉だけに注目せず，小さく表示された言葉も取り上げながら大きく表示された言葉との関連を考えることで，住んでいる都道府県には色々な特徴や見方があることを捉えられるようにする。電子黒板等を活用して大きく表示をさせながら活動をすすめていきたい。

アレンジ

・児童が入力した言葉がどの程度出現したかを知るためには，「単語出現頻度」を見ることが有効である。ワードクラウドと併せて活用したい。

・児童の学習感想をテキストマイニングで分析することで，児童の学習に対する考えや感想の傾向を知ることもできる。次時の冒頭で解析結果を紹介すれば，今，クラスとしてどのような問題意識をもちながら学習に取り組んでいるのかの共通理解を図ることも可能になる。

（上野敬弘）

48 インタラクティブ「表現運動」で時空を超えて踊ろう

[ツール] オンラインコミュニケーションツール（Zoom 等）

[教材名] 表現運動　表現「ジャングル探検に行こう！」3 時間扱い

[時　間] 20分程度×3回

[ハード面] ネットワークに繋がった PC, タブレット, スマートフォン

[ソフト面] オンラインコミュニケーションツール「Zoom」, Dropbox

[その他] 30～40秒程度の情景がイメージしやすい音源

活動の概要

　音楽を聴いてイメージしたことを基に, 友達と「ジャングル探検に行く」というストーリーをオンライン上で考え, ひと流れの動きで即興的に踊ることができることを活動の目的とした。

Zoom のブレイクアウト機能を活用することで, 実際の体育館ではできないオンラインだからこそできる動きを考えたり, 踊ったりすることに子どもが没頭することができる。

活動の流れ　題材例）ジャングル探検のストーリーを考え, 踊ろう！

1　（1時間目）ジャングルの風景が想像できる音楽を聴いて実際に動き, 個々にもったイメージを意見交換する（10分）

T　この曲を聴いてどんなことをイメージしたの？

C　ジャングルみたいな森の様子が思い浮かんだ。

C　ぼくは, ゴリラが出てきそうだと思ったよ。

2　共有したイメージを動いて表現してみる（10分）

3　イメージしたことを学習カードに書き, Dropbox にアップロードする

4 （2時間目）「ジャングル探検に行こう！」というテーマを提示し，ブレイクアウトルームをつくり，踊りを考える（20分）

C 探検っぽく望遠鏡を覗いているように動いてみない？

C いいね！やってみよう。

5 考えたストーリーを学習カードに書き，Dropbox にアップロードする

6 （3時間目）「ジャングル探検に行こう！」というテーマを確認し，ブレイクアウトルームをつくり，踊りを考える（10分）

C 音楽が流れたらサルが出てくるのはどう？

C いいね。その後はどうする？

C サルが道を尋ねる！

C そして，一緒に歩いていけばいいんじゃない？

C 最後にサルも一緒に踊ってみようよ！

7 考えたことを発表する（10分）

8 考えたストーリーを学習カードに書き，Dropbox にアップロードする

留意点

・子どもたちがイメージしたことを大きく踊ることができるように，心をほぐす活動を取り入れる。

・子どもの考えを全体に共有する際には，全員がミュート，スピーカービューに設定する。

アレンジ

その他の運動領域でも同様の流れで学習を展開することができる。

（和氣拓巳・村上雅之）

〈参考〉「未来の体育を創造する！！体育 ICT 研究会」HP
https://nmy-252612treebell.wixsite.com/website

49 同期，非同期の特性を生かした音楽鑑賞の授業——一人ひとりのペースに合わせた学習の実現

[ツール] Google Forms, Microsoft Forms, Zoom などの web 会議支援ツール

[題材名] 音楽から物語を想像しよう

[教材名] ピーターと狼（作曲者：プロコフィエフ）

[時　間] 30分＋その他

[ハード面] ネットワークに繋がった PC もしくはタブレット端末，「ピーターと狼」の CD

[ソフト面] ・Windows Media Player などの CD 音源を MP に変換するソフト

・音楽編集できるソフト（可能であれば）

活動の概要

　本活動の目標は，音楽を手掛かりに登場人物をイメージすることを通して，曲想及びその変化と旋律・音色・リズム・強弱との関わりを学ぶことである。子ども一人ひとりが聴き取ったことと，感じ取ったことを基点に，仲間と意見を交わしながら目標達成を図る。

・教室の授業と異なるポイント

　オンライン授業は，各々の活動目的に照らし合わせて同期（一堂会して）・非同期（各々で）する場を意図的に使い分けることによって，子ども一人ひとりのペースに合わせた学習が実現可能だと考える。このことを実現するために，本活動では次の2点を行った。

・初めと終わりの鑑賞は子ども各々で行う

　本活動では，「最初」の鑑賞と，各時間の振り返りを兼ねて聴く「終わり」の鑑賞を，子ども各々で聴く「非同期」とした。「非同期」に鑑賞する機会を設定することで，子ども一人ひとりのニーズに合った聴き方を保証した。またその鑑賞後には，子どもは教師が作成したフォームに感じ取ったことや

聞き取ったことを記入させた。（右図参照）

・意見交換では「チャット」を使う

　子ども各々が感じ取ったことや聴き取ったことを意見交換する場を「同期」の時間に設定し，そのやりとりを「チャット」で行った。結果，教室の授業では発言しなかった子どもたちが参加し，多くの子どもが意見交換した。

活動の流れ

C：子どもの活動内容	T：教師の手立て
【授業開始前：非同期】音楽を聴いて登場人物を想像する C：音楽を聴き登場人物を想像し，フォームに記入する。	T：事前に子どもへのMP3などの音楽ファイル「冒頭からアヒル登場まで」と，Google／Microsoftフォームの作成・URLの送信。
【授業：同期】仲間との意見交換を通して，目標内容を学ぶ（30分） C：「ピーターと狼」の登場人物を知る。フォームの結果を受けて，自身の意見を再考する。（8分） C：聴き取ったことを根拠にしながら，感じ取ったことを仲間とチャットで意見交換する。（15分） C：登場人物と楽器を知る。（7分）	T：「ピーターと狼」の登場人物とおおよその内容を説明し，フォームの結果を共有する。 T：結果をピックアップし，それを皮切りに意見交換を開始させる。（状況に応じて）発言内容の焦点化・軌道修正をする。 T：登場人物と使用楽器を伝える。
【授業終了後：非同期】学習内容を踏まえて物語を捉える C：音楽を聴き，学習内容を振り返りながらフォームに記入する。	T：音楽ファイル（1曲通し），振り返り用のフォーム送信。 T：子ども各々の学習評価。

アレンジ

　Zoomには，グループディスカッション可能な機能がある。これを活用して小グループで意見交換する場を設定することも可能である。　　（徳富健治）

50 インターネット上のギャラリーで作品を鑑賞しよう

[ツール] Adobe Portfolio, Adobe Lightroom

[教材名] 図工室ギャラリー

[時　間] 10～20分程度

[ハード面] ネットワークに繋がった PC もしくはタブレット端末。デジタルカメラ等の作品を撮影できるもの。

[ソフト面] Proself 等のクラウドストレージ。

[その他] 子どもたちは，つくりたいものや描きたいものに応じて用具材料を用意する。

活動の概要

　活動の目的は，長期休業中などにおける子どもたちの創造活動の発表の場をもうけ，お互いに鑑賞できる場を確保して子どもたちの情操を育てることである。子どもたちが家庭でつくった画像を Proself 等のクラウドストレージに送

ってもらう。教師は Adobe Lightroom を用いてアルバムに整理し，Adobe Portfolio でインターネット上にギャラリーをアップする。子どもたちは，パスワードのかかった「図工室ギャラリー」を自由に見て回ることができる。

活動の流れ

1　自分の表現したいもの創造したいものを，思いのままつくったり描いたりして，その作品を画像に収め Proself 等に入れ教師に送る

2　教師は，学年，クラスなどに分けて Adobe Lightroom のアルバムに収

める

3　パスワードをかけて Adobe Portfolio と Adobe Lightroom を連携させて「図工室ギャラリー」をつくる

4　子どもたちは好きな時に「図工室ギャラリー」に入り，鑑賞を楽しむ

5　教師は適時送られてくる作品をアップする

留意点

・コメントについて

　Adobe Portfolio には作品にコメントをかける機能がある。しかし，コメントについてはとてもナイーブな面があると考えている。自由な意見交換の場となるチャンスでもあるのだが，管理上の問題もあり自由な書き込みはできないようにしたい。

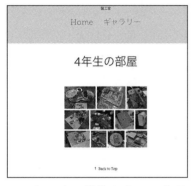

・作品にキャプションをつける

　Adobe Lightroom には，画像にキャプションをつける機能がある。作品名や作者の名前を入れることができる。

アレンジ

　Adobe Portfolio にいろいろな部屋をうまく増やせば，学年ごとや題材ごとにもギャラリーを広げていくことができる。また，Zoom などの会議支援ソフトを利用することで，鑑賞会やトークイベントなどいろいろな活動ができると考えられる。

（桐山卓也）

51 「Social distance」を乗り越え，「Heart distance」を縮めよう

[ツール] Zoom

[教材名] わたしのハート

[時　間] 40分程度

[ハード面] ネットワークに繋がった PC

[ソフト面] オンラインサービス「Zoom」

[その他] 紙，クレヨン（または，色鉛筆）

活動の概要

　目的は，仲間と対等な立場でお互いの価値観を認め合い，信頼関係を築くことである。道徳科の内容項目では，「相互理解，寛容」（中学年「自分の考えや意見を相手に伝えるとともに，相手のことを理解し，自分と異なる意見も大切にすること。」）に相当する。

　「Social distance」を乗り越え，「Heart distance」を縮めるために，離れた場所にいる仲間の「今」「ここ」（Here and Now）を知ること，そして互いの状況を理解し合うことを大切にしたい。

　そこで，仲間同士の支え合いを活動の中心におく「ピアサポート」の考えを取り入れ，Zoom の「ブレイクアウトルーム」機能を使って「わたしのハート」活動に取り組む。

活動の流れ

1　活動の目的を共有する（5分）

T　ここ1週間の生活を振り返って，自分の心の様子を紙に描いてみましょ

う。最後にお友達と紹介し合う中で，考えたことを話し合いましょう。

2 「わたしのハート」を描く（10分）

3 少人数で「わたしのハート」を紹介し合う（10分）

※Zoomの「ブレイクアウトルーム」機能を使って，3人〜4人の小グル
ープに分かれて紹介し合う。手順は以下の通り。

①紹介する順番を決める。②順番に自分が選んだ色や塗り方など，どんな
心の様子を表しているか「私のハート」をZoom画面で見せ，説明する。

C 灰色で塗ったのは外に出られずもやもやしている気持ちです。黄色で塗
ったのは家族と一緒にゲームをして嬉しかったからです。

C ハートの外に友達を描いたのは，友達と校庭で遊びたいからです。

C 僕は，嬉しい気持ちを黄色で描いたのに，どうして○○さんは嬉しい気
持ちを青色で描いたのですか？

③最後に質問タイムをとる。

4 全体で活動を通して気づいたことや考えたことを共有する（15分）

※時間に余裕があれば，みんなで「わたしのハート」を見せ合うとよい。

T 活動を振り返って，気づいたことや考えたことは何ですか？

※「わたしのハート」の裏側に短くてよいので感想を書かせ，Zoom画面
で見せ合うとよい。

C ○○くんが最近お手伝いを頑張っていてすごいと思いました。

C 自分だけではなく，友達も自宅で結構もやもやしていることがあるんだ
なあと思って安心しました。

C 「嬉しい」を表す色は，人によって色々なんだなあと思いました。

留意点

絵の「上手い」「下手」と言う見方にならないようにするために，導入の
段階で自分の心の様子を自由に色を塗ったり，絵を描いたりしてよいことを
伝える。また，目的をしっかりと児童と共有することが大切である。

（幸阪創平）

52 家にある物で色や形，様子を表す英語表現に慣れ親しもう

[ツール] Zoom 等のオンライン授業ツール，実物又はスライド作成ソフト

[教材名] Let's find something blue! ～お家の中で見つけてみよう～

[時　間] 1つのテーマあたり10分程度

[ハード面] ネットワークにつながった PC

[ソフト面] 活動提示用スライド ⎫
[その他] お手本として見せる物 ⎭ どちらかがあればよい

活動の概要

　教室でも，"Touch something blue." や "Bring something small." などと，行うことが多い活動である。しかし，先に動いた子の動きにつられて，考える前に動いてしまう子がいることも多い。そこで，オンラインで各家庭と接続し，それぞれが家にある物を持ってきて紹介するという活動にした。その結果，前述の悩みが解消され，どの子も主体的に活動に取り組むことができた。また，所有物を見せ合うことで，お互いの趣味や家での過ごし方を垣間見ることができ，友達の新たな一面を知るきっかけにもなった。

　また，この活動は，メインとなる活動の前にウォーミングアップとして扱うこともでき，"Let's find something blue!" の "blue" の部分を変えるだけで，様々な単元で活用することができる。「Let's Try!」に当てはめると，3年生では，色（Unit 4），形（Unit 7），ものの見た目（Unit 8），4年生では，大きさや長さ（Unit 4）などの言葉を用いることができる。

活動の流れ

1　手本を見せ，活動の内容と方法を理解させる（3分）

　英語で説明し，ジェスチャーや提示物を用いて理解を促すようにする。

T：What color is this, ○○さん？（青いペンなどを見せながら）

C：It's blue.

T：That's right. It's blue. Do you have something blue in your house? I have a blue sweater and a blue file.（青いセーターやファイルを見せながら）

あまり慣れ親しんでいない言葉を用いる場合には，実物や絵，写真等を見せてから活動を始めると，子どもたちは安心して取り組むことができる。

2　条件に合った物を探しに行かせる（1～2分）

T：Let's find something blue in your house! Let's start.

活動を始める前に，1分以内で（"In one minute."）と告げておき，早く戻ってきた子に，持ってきた物について話しかけながら，全員を待つ。

3　持ってきた物を紹介し合う（5～7分）

教師から尋ねる方法と，いくつかの小グループに分け，子ども同士で尋ね合う方法がある。何度か教師とのやり取りを経験させた後に子どもたち同士で尋ね合うようにすると，「聞くこと」だけでなく「話すこと［やりとり］」の活動につなげることができる。

C1：What's your something blue?

C2：It's a soccer ball.

留意点

初めのうちは，持ってきた物について尋ね合うだけの会話が多くなる。お互いに尋ね合えたことを褒めつつ，「今度は持ってきたものに関係のある質問を1つずつしてみよう。」と，物を介して会話を続ける姿につなげていく。

C1：Do you like soccer?

C2：Yes, I do. I play soccer every day.

このように，既習の表現を生かしてやり取りをする活動を継続して行うことが，高学年で行う Small Talk へとつながっていく。

（西本有希）

53 エンジニアリングの活動を通して STEM 教育に挑戦しよう

[ツール] 交流用ソフト（Zoom，Google Meet，Google Classroom など）

[教材名] ゴム動力カーをつくってゴールを目指そう

[時　間] 35分（導入15分・まとめ20分）＋家庭学習（60〜75分程度）（同期・非同期の組み合わせで実施）

[ハード面] インターネットに接続できる PC／スマートフォンなど

[ソフト面] 交流用ソフト（Zoom，Google Meet，Google Classroom など）

[その他] ゴム動力カーをつくる材料や用具（例：輪ゴム，トレイ，ストロー，竹串，ペットボトルのキャップ，セロハンテープ，はさみ，のり，他）

活動の概要

　STEM 教育とは，Science（科学・理科），Technology（技術），Engineering（エンジニアリング），Mathematics（数学・算数）の各領域を横断的・総合的に推進する教育である。STEM 教育には，さまざまなタイプがあるが，東京学芸大こども未来研究所では，社会的な問題を解決するという活動（エンジニアリング）の中で，理科（科学）や技術，算数（数学）等を活用し，新しい価値を創造できる力を育成することを目指している。本活動では，その初歩的な段階として，理科や技術，算数の内容を探究したり活用したりしながら，創造的に課題解決に取り組む。

活動の流れ　教材例）ゴム動力カーをつくってゴールを目指そう

1　課題を発表する（15分）

　交流用ソフトを用いて課題を説明する。課題発表の動画を作成し，Google Classroom などを用いて掲示する形式でもよい。

　課題例）理科で学習したゴムの力を使って，車を走らせてみよう！1m のコースに挑戦。課題の提出方法は次の通りです。①自分がつくったゴム

動力カーの動画や写真をクラスの共有フォルダに保存。／②ゴールできたか？何秒だったか？工夫したこと，動画のリンクなどを，コメント欄で発表。／③他の人の写真や動画を見て，コメントしよう。

参考動画　おうちでSTEM～ゴム動力カーをつくってタイムトライアルに挑戦！～https://www.youtube.com/watch?v=sMzh4TSgGAA

2　課題に挑戦する（家庭学習）

　家庭にあるものや廃材を用いて，ゴム動力カーをつくる。スタートとゴールを決めて，ゴールを目指す。挑戦した様子を動画や写真で撮影する。

3　課題を提出する（家庭学習）

　指定された方法（共有フォルダなど）で動画や写真を保存する。課題を提出後，コメント機能などを用いて他の児童の動画・写真にコメントをする。

4　課題の発表とフィードバックをする（20分）

　交流用ソフト（ZoomやGoogle Meetなど）を用いて，いくつかのゴム動力カーを発表し，S・T・E・Mの視点を意識した振り返り・評価を行う。グループに分けて実物を見せながらリアルタイムの発表も，Google Classroomなどに各自がコメントを掲示するなどの方法で，非同期の発表も可能。

留意点

・S・T・E・Mの各視点とその活用に注目させる声かけや課題設定を行う。
　（例）理科（S）：ゴムの伸び縮みなど自然現象に気づいたり活用する視点
　　　　技術（T）：車のしくみ（構造や部品の機能）に注目する視点
　　　　エンジニアリング（E）：〇〇な車を創る活動（長く走る，速く走る）
　　　　算数（M）：ゴムの巻き数や移動距離などの数を扱う量的な視点

アレンジ　「応用課題の設定」

　児童の様子に応じて「ゴールぴったりで止める」「坂道をのぼる」などの応用課題を出しても楽しい。このときも，理科（S）・技術（T）・算数（M）をどのように活用したらよいかを意識させることが大切である。（木村優里）

54 友達と意見を交換しながら読解を進めよう

［ツール］Microsoft Teams

［教材名］「なまえつけてよ」（光村図書 5 年）

［時　間］4 日

［ハード面］ネットワークに繋がった PC 等

［ソフト面］Microsoft Teams

［その他］教科書

　教材文が読めないと学習ができないので，教科書は必須。

活動の概要

　基本的には「物語を読む」→「考える」→「文章としてアウトプット」→「友達と考えを交流」→「物語を読む」→…というサイクルによって進める学習。オンラインの特性を生かして時間の制約を取り払い，自分のペースで読解させたい。

活動の流れ

【1 日目】

　（児童）

・教科書18ページ「なまえつけてよ」を読む。

・初発の感想を（200字くらいで）書き，Teams で提出する。

　（教師）

・Teams で提出された児童の初発の感想を読み，子どもたちがどこに興味や関心を抱いたかを押さえ，翌日の課題提示に反映させる。

【2 日目】

　（児童）

・①春花のどんな「会話や行動」で勇太の気持ちがどう動いたか。

②勇太のどんな「会話や行動」で春花の気持ちがどう動いたか。

①と②を書き，Teams で提出する。

（教師）

・Teams で提出された児童の①②を読み，児童が注目している登場人物の会話と行動を抽出し，わかりやすい形でまとめ，翌日の課題提示に盛り込む。

【3日目】

（児童）

・教師から送られてきた「友達が書いた『会話や行動』で気持ちがどう動いたか」を読み，それらに対して Teams 上で意見を書き込む。

（教師）

・Teams 上にどのようなコメントが書き込まれるかを見て，介入した方がいいと考えられる場合にのみコメントをつける。

・Teams 上に書きこまれたコメントをまとめ，児童がどのような「会話や行動」が気持ちの変化に大きく影響したかをまとめ，翌日の課題提示に盛り込む。

【4日目】

（児童）

・教師から送られてきた「気持ちの変化に大きく影響した『会話や行動』まとめ」を読み，「なまえつけてよ」という題名の持つ意味が，物語のはじめとおわりでどのように変わるかを文章にまとめる。

留意点

・各日の課題を出す時間，課題を提出する時間を明示する。その枠内であれば児童が自由に時間を設定して読解を続けられるような環境づくりに配慮する。

（鈴木秀樹）

55 身の回りの図形や自分の作品について共有・意見交換しよう

[ツール] Zoom などの Web 会議支援ツール

Google Drive，Microsoft OneDrive などのファイル共有ツール

Google Forms，Microsoft Forms などの意見集約ツール

[教材名] 図形の合同，対称な図形，拡大図・縮図等

[時　間] 25分程度（＋α）

[ハード面] ネットワークに繋がった PC もしくはタブレット端末，デジタルカメラ

[ソフト面] 上記の［ツール］と同じ

　児童は，デジタルカメラで自分の作品等を撮影し，ファイル共有ツールを利用して教師へ送るようにする。児童が送ってきた作品を，閲覧しやすいように整理し，事前にまとめておく。

活動の概要

　算数科の図形領域の学習では，学習した図形の特徴や性質が生かされているものを身の回りから探す活動が，児童が理解を深め，よさを実感するにあたって有効である。また，児童が自分自身でその図形を作図・構成する経験も欠かすことができない。

　今回は「合同」の学習などで扱われる「図形のしきつめ」を題材とした。

身の回りからしきつめを生かしたデザインを探すこと，自分自身でしきつめデザインをつくることを事前の課題とし，その成果物をオンライン上で見合い，感想を伝え合う活動を行った。

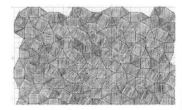

活動の流れ

1 課題の成果物をお互いに見合う（15分）

T　どんなしきつめデザインを，見つけたり，つくったりできたかな？

C　この模様は見た事あるよ，商店街の道を舗装しているレンガかな？

C　着物の柄にも，しきつめは使われているね。

C　着物の柄やネクタイやバッグにも，しきつめがよく使われている。

C　○○さんの作品，細かくかきこまれているね！

C　△△さんの作品は，二つの図形を組み合わせていて，色使いもきれい。

C　どうやってかけば，こんなしきつめがつくれるんだろう。

2 作品に対する感想を書き込む（5分）

　Webアプリの入力フォームに文章を直接入力する。

3 教師の感想を聞き，フォームの使い方を確認する（5分）

T　みなさん，様々なしきつめデザインを見つけられましたね。また，どの
　作品も工夫が凝らされていて素晴らしいものでした。

　（実践時は，和柄に着目した児童が
　多かったので，和柄に関して情報提
　供や疑問の投げかけをした。）

　フォーム入力先のアドレスを示し，
　終了後に学習感想を送るよう伝える。

留意点

・感想を書く時間は，児童の実態や題材等に合わせて，多めにとってもよい。

・フォームで送られてきた学習感想は教師側で集約しておき，児童の評価や
　フィードバックに役立てる。

アレンジ

　対称な図形や拡大図・縮図など，他の図形領域の単元でも，同様の学習を
行うことができる。また，ツールの選択・工夫によっては，児童同士で作品
にコメントを付け合う活動も期待できる。　　　　　　　　　　（平山秀人）

56 ペットボトルがへこむ理由を説明しよう

[ツール] Zoom，紙とマジックペン，実験動画

[教材名] ペットボトルがへこむ理由を説明しよう

[時　間] 30分程度×2回

[ハード面] ネットワークに繋がったPC

[ソフト面] Zoom会議システム，動画再生ソフト

[その他] 実験動画3本（①ペットボトルがへこむ動画，②熱湯を入れてからふたをする動画，③ペットボトル内の空気を温めてからふたをする動画）

活動の概要と流れ

　実験ができないオンラインでの理科の授業を，実験映像を用いて行う。もちろん，単なる知識伝達を目的とするのではなく，実験はしなくても頭をフル回転させることはできないかと考えて，この展開を考えた。

　ペットボトルに閉じ込めた水蒸気が冷えて水になる際には大きな体積の減少を伴い，ペットボトルが大きくへこむ。その現象のみを見せるところから始め，お互いの考えを交流させながらその理由（仮説）を探る。最終的に残った仮説を，最後の動画を通して検証するという流れである。

1　課題をつかむ（10分）

T　よく見ていてね。（実験動画①）

C　え？へこんだ？

C　誰か，吸い出した？

C　なにも繋がっていないよ。

C　中がぬれている？

T　ペットボトルがへこんだ理由を説明してみよう。ヒントね。（実験動画②）

C　試験管で熱しているのは水？

実験動画①

T　そう。水を沸騰させています。

C　熱湯を入れてからふたをしたの？

T　そうです。

2　各自で考える（7分）

T　手元の紙に，自分の考えを描いてみ
　　よう。図を使うといいよ。できた人
　　から画面に映してね。

実験動画②

3　みんなの考えを見よう（13分）

C　空気が冷えて水になったと思う。

C　空気が冷えて小さくなったと思う。

C　水蒸気が冷えて水になったと思う。

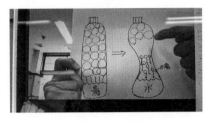

考えの発表と共有

4　確かめよう（25分）

T　空のペットボトルを温めてふたをし
　　ます。（実験動画③途中まで）

T　この先どうなったら，どの意見が正
　　しいと言えるかな？

C　へこめば「空気が小さくなった」，
　　へこまなかったら「水蒸気が水にな
　　った」ということになると思う。

実験動画③

T　じゃあ，続きを見てみよう。（実験動画③の続き）

C　へこんだようにも見えるけれど，最初の映像ほどは，へこんでいないね。

C　ということは，水蒸気説が正しいのかな？

T　水が水蒸気になるとき，体積がとっても大きくなることは，4年生で学
　　習したね。じゃあ，逆のときはどうなるだろう。

C　そうか。一番の原因は水蒸気が水になったことだ。

5　各自まとめる（5分）

T　最後にもう一度，この現象を自分の仕方で説明してごらん。

（金田知之）

57 資料集で作ろう歴史人物クイズ

[ツール] Zoom, PowerPoint

[教材名] 歴史人物クイズを作ろう

[時　間] 35分程度

[ハード面] Web クラスが開ける PC

[ソフト面] 社会科資料集6年（ぶんけい，2019年）

[その他] クイズを記録するのは紙とマジックペン。紙はヒントや答えを分けて書いたり，複数クイズを作成できるように10枚以上用意させておくとよい。

活動の概要

　休校は各学年の授業開きの時間を奪ってしまった。高学年でも慣れないパソコンの操作やビデオ通話に対応するだけでも精一杯の子どもも多い。そこで，児童一人一人が簡単に取り組むことができ，尚且つ友達との交流も自然と生まれるクイズづくりを設定する。クイズは，自分が選んだ歴史上の人物を象徴する出来事を調べて作成する。調べるときに使うツールを社会科資料集のみとすることで，どの児童も必ず回答を導き出せるようにしている。

活動の流れ

1　スライドで活動の概要を提示する（10分）

2　資料集を使って歴史人物クイズを作成する（15分）

　C　好きな武将の織田信長で作ってみよう。

　C　初めて名前を見た吉田松陰について調べてクイズにしてみよう。

3　作成した歴史人物クイズを発表する（10分）

・2～3人程度発表させたら，グループを設定して交流させる。

・数人発表させ，次回以降の Web クラスの始めに“歴史人物クイズコーナー”を設定して交流の場を作る。

スライド提示の様子

歴史探訪

クイズ！この人はだれだ〜れ！？

さて，早速ですが
この人はだれだ〜れ！？

①本名は天國押開豊桜彦尊（あめしるしくにおしはるきとよさくらひこのみこと）または首（おびと）。

さて，早速ですが
この人はだれだ〜れ！？

②在位中に，天然痘の大流行が起こる。

さて，早速ですが
この人はだれだ〜れ！？

③東大寺を建立（こんりゅう）し，大仏を造らせた。

さて，早速ですが
この人はだれだ〜れ！？

④724年から749年に在位した天皇

聖武天皇

使うのは

これ

選択肢はこんな構造にするん

① 超マニアックな史実！ウソはだめよ。これで正解したお方がいたらマーベラスでしょ！？

②＆③ 資料集に載っている史実！②よりもよく知られている史実にできたらセンス感じる。

④ 資料集に載っている史実に年号を必ず入れよう！ここまで来ればきっと99％正解してくれるはず！

人物は次の73人からチョ〜イス

（人物名のリスト）

留意点

・子どもが作成したクイズを把握したり保管したりするには，各種オンラインフォームツールで記述式のアンケートを作成し，取り組ませるとよい。

・歴史人物クイズ作りを非同期で取り組ませて各種オンラインフォームを使ってクイズを集めておき，次時で交流の時間を設定することもできる。

・想定されるつまづきは，異なる人物の出来事を選んでしまう，ヒントを4つ用意できない等がある。その際は，改めて調べてみることで事実を確認したり，友達からアドバイスをもらったりする等の課程や関わりが生じたことを価値づけるように意識したい。

アレンジ

・「都道府県クイズ」「世界の国クイズ」等に応用することも可能。受け持ちの学年に応じてアレンジしてほしい。

（宮田諭志）

58　オンライン体育で身体と対話しよう

[ツール] Microsoft Teams

[教材名] バランスを考えよう

[時　間] 60分程度（2回）

[ハード面] ネットワークに繋がった PC（タブレット端末，スマートフォン）

[ソフト面] 特になし（家にあるもので学習者が使いたいもの）

活動の概要

　突然の休校。学校がないことによる運動不足問題。様々なコンテンツを教員のみならず，アスリートが作成し公開している。これら全て非同期型のコンテンツであり，私が普段の授業で大切にしている「身体を通した自己や他者との対話」は保障できていないのが現状である。

　同期型で授業を行うことが理想ではあるが，突然同期型の対話的授業を行うことは，子どもたちがその環境に慣れていないため，難しいと考えている。そこで，順序を追って（非同期の課題提示から同期での課題提示，テーマ探究へと）実践を積み重ねることによって，子どもたちが自然と対話的授業に入っていくことができるのではないだろうか。

　本実践では，アンケートによる家庭状況の聞き取りを行い，活動できるスペースを把握し，その限られた状況でも運動できる「バランス」を学習材として設定した。

活動の流れ[1]

1　アイスブレイク（イメージピッタリ連想ゲーム）（15分）

　この活動はオンラインならではの活動を通して，子どもたち同士のかかわりを促すことがねらいである。具体的な活動には，教師からお題を出し（例えば家の中にある四角いもの等），そのイメージに合うものを持ってくる。

同じものを持ってきた人数に応じてポイントを出す。

2 「どんなバランスができるか」を自分で考えてやってみる（15分）

　いくつかの「バランス遊び」を教師から提示し，「自分でおもしろいバランスを考えよう」と各自考え，後で考えたバランス遊びを友だちに伝える。

3 4人グループをつくり，協働的に「バランス遊び」を考える（30分）

　グループ（4人組）で，「オリジナルバランス」を考える。ヒントとして，「○○しながらバランス」「○○とバランス」「おもしろいバランス」などを提示する。その後，各グループで考えたものを共有する。

留意点

・オンラインデバイスの特性を生かした環境づくり

　Teams は4人までしか画面に映らない（実践当時。現在は9人まで拡張された。今後さらに増える予定）ため，一斉に何かを見せ合うということは Zoom などのデバイスと違って難しい。また，ブレイクアウトルームなどの設定もない。そこで，チャネルとして別の部屋を用意し，その部屋の中で対話的に友だちと相談し合いながら自身の身体と向き合っていくことを大切にしていきたい。

アレンジ

・題材を何にするか。子どもたちの環境に応じて設定することができる。

・アイスブレイクの題材もオンラインを生かした取り組みを考え，どんなことで友だち同士交流するかをねらいにアレンジすることができる。例えば実物しりとり，ジェスチャーゲームなどが考えられる。

（永末大輔）

(1) この実践の詳しい内容（授業デザイン，実際の子どもの様子等）は，今後発行される千葉大学教育学部附属小学校機関紙「はぴらん4号」，未来の体育を構想するプロジェクトのホームページに掲載する予定です。興味のある方はそちらも併せてご覧ください。

59 Springin' ボイスミュージックづくりで 声の面白さに出会おう

［ツール］Springin'，Zoom，ロイロノート・スクール

［教材名］いろいろな声で音楽をつくろう

［時　間］90分程度

［ハード面］ネットワークに繋がったiPad

［ソフト面］Springin'，Zoom，ロイロノート・スクール

［その他］Springin'のお手本作品，テーマ別オノマトペ集

　必要となるのはインターネットに繋がるiPadである。

　事前にSpringin'をインストール・ユーザー登録しておくことや，Zoomを使ったオンラインの関わりを事前に行っておくことで，円滑に進めることができる。

活動の概要

　活動の目的は，声の響きや組み合わせによって生まれるよさや面白さを感じることである。音に動きをつけて映像作品として出力することで，全体のまとまりについても意識して音楽づくりに取り組むことができる。

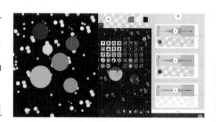

活動の流れ　題材例）声を重ねて音楽をつくろう

1　見本作品から，声の重ね方の工夫についてアイデアを出し合う（5分）

　Zoomで見本作品を見て，意見交換をする。

T　声を重ねて音楽をつくろうと思うんだけど，「声を重ねる」ってどんな風にできると思う？

C　いくつかの声を同時に鳴らす。

C　違う声を次々と重ねるとよさそう。

C　ずっと流れている声と時々流れる声を使い分けるとよさそう。

C　違う高さの声を重ねると和音みたいにきれいな響きがつくれそう。

2　作品をつくる上で必要な操作について Zoom 上で説明する（5分）

　　作り方スライドを用意しておき，説明の後で見返せるようにしておく。

3　Springin' で作品をつくる（35分）

4　Zoom で作成状況や悩み，アイデアの共有をする（10分）

T　作ってみて，みんなとやってみたいことや相談したいことはない？

C　友達の声も使いたい。

C　みんなで同時に出した声録音して使いたい。

5　作品を改良したり，他の人の作品に触れてみたりする（30分）

　　作品を演奏した動画をロイロノート・スクールの提出箱にアップロードする。

　　作品を他の児童が操作できるように Springin' にアップロードする。

6　活動を通して考えたことや気付いたことを振り返る（5分）

　　ロイロノート・スクールで振り返りを記入して，提出する。

留意点

・事前に一回 Springin' の入門ワークを行うと活動に入りやすくなる。

・テーマ別のオノマトペ集を用意することで，言葉と音のイメージに繋がりやすくなる。

アレンジ

　　低学年でも同様の流れで「音図鑑づくり」を展開することができる。

　　また，本授業の後で，声以外の音も利用して，インターロッキングの音楽づくりに繋げることもできる。

（中村亮太）

(1) Springin' は現状 iPad，iPhone のみのアプリケーションサービス。Scratch でも類似の活動を考えることができる。

60 絵画を鑑賞し，好きな音楽をつけて感性を深めよう

[ツール] Zoom／Microsoft Teams 等の会議支援ツール，Microsoft Forms

[教材名] Art & Music

[時　間] 30分程度

[ハード面] ネットワークに繋がった PC もしくはタブレット端末。

[ソフト面] iTunes など音楽再生ソフト。

[その他] 音楽データ

活動の概要

　活動の目的は，絵画から感じたものに合う音楽を探してつけることで，それぞれの作品に親しみを持ち理解を深めることである。同じ絵でも人によって感じ方が違うことを受け入れていくのだが，PC 上で行われることで外部の雑念が遮断され集中力が増し学びの深まりがあると考える。

活動の流れ

1　Zoom でのオンライン授業を行う前段階で，子どもたちには4枚の絵を提示しておき，絵から感じたものに自由に音楽を選んでおくように指示を出しておく

(1)

(2)

(3)

2 Zoom では，自分で選んだ曲を流しながら，絵を選んだ理由や絵から感じたこと，その曲を選んだ理由などを発表してもらう。Zoom の「画面を共有」で音楽も流すことができる。時間の制限があるので，絵のバランスを考えて数名発表してもらう（20分）

3 ４枚の絵についての解説をする（10分）

4 子どもたちには授業後，Microsoft Forms 等で振り返りを提出してもらう

留意点

・Zoom について

「画面を共有」機能で音楽を共有できるのであるが，やはり高音質は望めない。また，回線の環境にも左右されると考えられるので，その面も注意したい。

・チャットについて

高学年になるとチャット機能も使いこなせると考えられるが，散漫になってしまうので留意したい。

アレンジ

５Ｇなどが普及し回線環境がもっとよくなれば，小グループに別れて発表したり話し合ったりすることができる。 (桐山卓也)

(1) https://www.metmuseum.org/art/collection/search/290485?searchField=All&sortBy=Relevance&ft=Jasper+Johns&offset=0&rpp=20&pos=4
(2) https://www.metmuseum.org/art/collection/search/37316?searchField=All&sortBy=Relevance&ft=Hiroshige&offset=40&rpp=20&pos=59
(3) https://publicdomainq.net/leonardo-da-vinci-0000108/

61 「道徳レポート」で社会や生活を見つめ，クラスメートを知ろう

[ツール] Microsoft Teams

[教材名]「わたしはここに "道徳" を見る」レポート

[時　間] 30～40分程度

[ハード面] ネットワークに繋がった PC

[ソフト面] 教師作成の作品見本

活動の概要

　子どもがお互いを知り，相互に交流したくなる，そして教師が子どものことを知る…そんな授業開きを目指した。もちろん学級経営的な機能だけでなく，今後の道徳授業への布石としても意味をもつように本時をつくった。

活動の流れ

1　教師の投稿したレポートを読み，学習課題を知る（5分）

　まず，教師作成の道徳レポートを読む（右はその一例）。千葉県佐倉市で「佐倉チューリップフェスタ」が中止になったにも関わらず，現地を訪れる人が多数いたため，80万本のチューリップを刈り取ったというニュースを素材にした。これを読み，「身の回りやニュース等から素材を探して道徳レポートを書く」という学習課題を知る。

2　自分の道徳レポートを作成する（15分）

　ニュースや本，自分の体験などから素材を選び，それに対する自分の考えを書く。文章は感じたことや学んだこと，あるいは疑問でもよい。プリンターが無くても取り組めるように，ノートを使ってよいとするなど，各家庭の状況に配慮する。

3 レポートをアップロードし，感想や考えを交流する（10〜20分）

　互いのレポートを読み合う期間を設ける。Teams のコメント欄で意見交流をしてもよい。書かれた内容に学ぶだけでなく，その着眼点や素材の選び方からも学びがある。そして，表現された考えから，子どもも教師も，この子やあの子がどんな子なのか，その一端を知ることができる。

　この活動の後，子どもたちからレポートが多かったテーマや，意見交流が盛り上がったテーマについて，教科書教材等を用いて授業をつくる。このようにして，子どもたちとともに「学び合うテーマ」を立ち上げるのである。

留意点

・教師のレポートは複数用意する

　レポート見本は複数あることが重要である。1種類では子どもたちのレポート素材や内容を限定してしまうからだ。例えば，身近な素材とそうでない素材，共感できる素材と疑問をもった素材等を提示する。多様な素材や考えが子どもたちから出るためのしかけである。オンライン授業でも，これまでの授業と同じように，このような見通しやしかけが求められる。

・子どもの心理やプライベートに配慮する

　自分のレポートのアップロードに抵抗を覚える子どもも一定数いる。本校では今年度5月現在，希望する子どもはその子と教員しか見られない「プライベートチャネル」に課題をアップロードしている。オンライン授業には，オンラインならではの配慮も求められる。

アレンジ

・休校開けのオンライン授業，授業開きではなく年度途中の授業としてもぜひ展開してほしい。

・国語の書く活動の学習とも関連させて展開できる。私の場合は，意見文の書き方の学習と関連させ，合科的な単元を組んで実践する。

（本村徹也）

62 取材記事で子どもたちの変容をみとろう

[ツール] Zoom 等のビデオ会議ソフト，テキストマイニングソフト

[教材名] 新型コロナウイルスと私

[時　　間] 25分（同期）＋2日間（非同期）＋30分（同期）

[ハード面] インターネット接続ができる PC

[ソフト面] Zoom／Teams 等のビデオ会議ソフト，テキストマイニングソフト，Google Forms や Microsoft Forms などのアンケートソフト

[その他] NHK オンライン等新型コロナウイルス特設サイト，取材記事

活動の概要

　新型コロナウイルスでの休校が続く中，罹患した当人やご家族，医療関係者への差別がニュースとなっていた。学校への登校が始まることが想定される時期に道徳で差別を内容として活動を組み立てた。

　また，オンライン授業の方法で「同期・非同期・同期」のやり方が注目されており，実際にも2日間のオンライン授業（同期）の間に，担当する5年生向けに子どもたちの探究活動（非同期）を挟む活動計画を立てた。

　ポイントは，活動前後で，子どもたちの「思考面」「行動面」がどのように変わるのかであり，Google Forms とテキストマイニングを使い比較した。

活動の流れ

1　オンライン活動①「新型コロナウイルスと私」について考える

①アイスブレイク「最近気になるニュース」を話題に雑談タイム（約5分）

②メインルームに戻った後，活動の目的を共有する（約5分）

　　T　どんな話題が出ましたか？

　　C　（新型コロナの話・散歩の話・どこかに出かけた話・ご飯の話等）

　　T　どのグループでも新型コロナウイルスの話になりますね。

T　今日は「コロナウイルスと私」をテーマに道徳を進めていきます。

③ Google Forms で子どもたちの現状のとらえを押さえる（約10分）

　　質問（ポイントを大きく思考面と行動面の２点に絞る）。

　　・もし自分が罹患したら，どんな事を考えますか？（思考面）

　　・罹患した友達が完治し登校したら何をしてあげますか？（行動面）

④探究課題の説明（約５分）

　　NHK 取材記事を紹介。読んだ後に同様のフォームに入力する事を伝える。

2　非同期の探究活動（２日間）子どもたちは共有フォルダへ提出

　教員は入力データを分析し，テキストマイニングを行っておく。

3　オンライン活動②活動前後での自分自身の変化に気づく（30分）

前後の行動（動詞）に注目させる。

活動前［渡す／遊ぶ／近づく／行く…］

活動後［感じる／思う／願う／せっする…］

　C　距離が遠くなっている。

　C　何もしないのも思いやりだと思う。

　C　自分がかかったらそっとしてほしい。

活動初めの段階での［行動面］の感想

活動後の感想→「誤解のないことが大事」という感想が多かった。当事者の現実の困り感を知り，表面的な情報で判断していた事を省みる事ができたようであった。

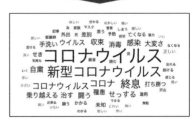

取材記事を読んだ後の［行動面］の感想

アレンジ

　さらに踏み込み「差別はいけないことがわかっている（前提で）どうして差別が起きてしまったのか」というテーマを，二項対立・モラルジレンマ等で扱う活動に繋げていくことができる。

（佐藤正範）

63 Picture Writing で即興のライティング力をつけよう

[ツール] Zoom などのオンライン通話ソフト

[教材名] 今していることを表現できるようになろう（現在進行形）

[時　間] 25分程度

[ハード面] ネットワークに繋がった PC

[その他] 5 〜 6 枚の写真（必要となるのは数枚の写真と PC である。写真は，使わせたい文法事項に沿った写真を選ぶのが好ましい。）

活動の概要

生徒たちは様々な写真をみて，その写真の状況を英語で表現する。

活動の流れ

1　Picture Writing の説明をする（2分）

T　Today, we will practice how to describe pictures in English.（今日は写真をみて，その状況を英語で言うことができるようになろう。）

C　どんな写真が出てくるのかな。どのような表現を使えばいいんだろう。

2　例題の写真を画面共有などで，生徒に提示する。教員がモデルとして，例文を提示して，生徒にも考えさせる（3分）

T　Look at this picture! How can you describe this picture in English? For example, you can say, "He is a boy." or, "He is happy." What can be another example?（この写真を見てください。この写真を英語でどう表現できますか。例えば，「彼は男の子である」や「彼は幸せそうである」と言えますね。他にはどうでしょうか。）

C　He has chopsticks.（彼はお箸を持っています。）

T　Yes, Nice! You can also say, He is eating rice.（また，彼はご飯を食べ

ているということもできますね。)

Let's make English sentences and please use 現在進行形 as much as possible!（現在進行形を使った例文をできるだけ多くつくってみましょう。）

3　１つの写真を２分間見せる。２分経過したら，次の写真に移る。タイマーを表示させて，時間が生徒にわかるようにする（２分）

T　Please make sentences and write down on your note as many as possible. I will give you 2 minutes. Let's start!（ノートにできるだけ多くの文を作って，書こう。時間は２分間です。）

C　この写真を英語でどう表現したらいいだろうか。現在進行形を使ってどう表現したらいいだろうか。

4　３を写真の枚数分繰り返す（８分）

T　It's time. Let's try next picture!

5　生徒の例文を確認しながら，共有する（10分）

T　Please share your sentences!（作った例文を共有しよう！）

留意点

・「２分間」という制限時間が，生徒に見えるように画面に表示する。

・２分間で，最低１文は書くように生徒に指示する。

・１文以上書くことができる生徒はできるだけ多く書かせるように指示する。

アレンジ

　以上の活動を，英語で発言するという形にするとスピーキングの練習になる。また，使わせたいターゲットセンテンスによって，写真を変えると，より多くの文法を練習させることができる。

（中村　柾）

協力　松戸市立第四中学校 猪股賢太教諭

64 NHK for School「みんなの ch ！」で世の中をチェンジしよう

[ツール] NHK for School「みんなの ch（チャンネル）！」[1]，グループウェアや協働学習アプリ（Microsoft Teams 等）

[教材名] 新型コロナウイルスに負けない，より学校生活が楽しくなるアイデアを考えよう

[時　間] 10分（番組視聴のみの場合。非同期で行うことも可。）

[ハード面] ネットワークに繋がった PC，タブレット，スマートフォン等

[ソフト面] NHK for School

[その他] 番組「みんなの ch ！」は，ウェブサイト「NHK for School」からワークシートを使ったり，アイデアを投稿したりできる。これらの方法を説明した資料を準備しておくと，子どもたちが学習で活用できる。

活動の概要

　「みんなの ch ！」は，全国の子どもたちが「チェンジするチャレンジ」をお互いに紹介して，意見交換していくような番組である。お笑い芸人のチョコレートプラネットが軽快に楽しく進行することに加えて，ユニークな案を提示するために，児童のアイデア出しを楽しく支援するような構成となっている。この番組を活用して，児童が身の回りの生活の課題を発見して，実際に解決していくような，探究的な学習をオンラインで行う。出演者の子どもたちが試行錯誤しながら課題を乗り越える過程が取り上げられるため，視聴者もどのように考えて実行すればよいか参考にすることができる。

活動の流れ

1　番組を紹介して，視聴する（10分）

T　新型コロナウイルスの課題解決にチャレンジした番組を見てみよう。

C　マスクをつけるのは大変だけど，絵を描いたら楽しい気持ちになりそう。

C　蛇口に「ウイルスシール」を貼るなら，別の場所でもできそうだ。

　　※非同期型の場合：グループウェアや協働学習アプリで視聴を呼び掛ける。

2　自分たちにできるチャレンジを考える

　自分たちがチャレンジしたい内容や方法に合わせてグループを編成して，以下の例のように探究的に学習を行う。その際，グループ通話やチャット等をどのように活用すればよいかという，学び方についても検討する。

　課題の設定→コロナ感染防止を目指した，外出時の注意を動画で伝えたい。

　情報の収集→感染防止対策に関する一次情報を調べる。

　整理・分析→動画の音声や画像などについて，編集しながら考える。

　まとめ・表現→他のグループの児童に見てもらい，課題を明らかにする。

3　アイデアを投稿する

　NHK for School の「アイデア募集」ページから，成果物を投稿する。

留意点

・児童はターゲットを明確に，教師は演出を大切に

　児童は思い付きで，自己満足な解決策を考えてしまいがちである。他方，教師は「世の中を変える」という言葉から壮大なことを連想して，探究的な学習の過程の枠にはめてしまいがちである。これらのギャップを埋めるために，教師は「誰が便利になるか」という具体的なターゲットを児童に明確にさせることが重要である。更に，番組出演者が楽しくアイデアを考えている演出を大切にし，実現可能性に縛られすぎないようにすることも必要である。

・学び方の試行錯誤を通して情報活用能力の育成を

　子どもたちには，ある程度グループウェアや協働学習アプリを活用した学習に慣れていることを前提とする。そして，各機能をどのように活用するかという点について試行錯誤させることで，学習の基盤となる資質・能力である情報活用能力の育成も目指していく。

　　　　　　　　　　　　　　　　　　　　　　　（本村徹也・小池翔太）

(1) NHK for School「みんなの ch!」https://www.nhk.or.jp/sougou/ch/

65 Zoom で繋がろう！友達と！先生と！

[ツール] Zoom, Microsoft PowerPoint

[教材名] 話し合ってクラスの目標を決めよう

[時　間] 30分程度

[ハード面] ネットワークに繋がったカメラ付き PC

[ソフト面] Zoom

[その他] プレゼンテーションデータ，紙とマジックペン（児童）

　Zoom ミーティングの日時，ID 及びパスワードを事前にメール配信しておく。また，各家庭のインターネット環境の調査や IT 機器の貸与，Zoom 使用マニュアルの配布など，環境面での支援があった方がよい。

活動の概要

　活動の直接の目的は，学期（学年）はじめによく行われる，学級の目標について話し合うことである。しかし，この活動を通して，児童が友達や学校との繋がりを感じたり，学級への所属感を高めたりできるようにしたい。

活動の流れ

1　呼名して参加者確認を行う（3 分）

2　アイスブレイクゲーム「〇〇と言ったら？」を行う（5 分）

T　「夏と言ったら？」思い浮かぶ言葉を紙に書きましょう。

C　（頭に浮かんだ言葉を一つ，紙に書く。）

T　「3・2・1」で一斉にカメラに見せてください。3・2・1はい！

T　「花火」が一番多かったので，「花火」を書いた人の勝ちです。

3　クラスの目標を考える（5分）

T　まず個人で，クラス目標に入れたい言葉を考えて，紙に書きましょう。

C　（言葉を考えて，紙に書く。）

4　グループで話し合う（5分）

　※ブレイクアウトセッション機能で3-4人グループを作る

T　グループごとに話し合い，意見をまとめましょう。

C　私は「下級生に優しい」という言葉を入れたいです。

C　僕は「すすんで」という言葉が良いと思います。

5　全体で話し合う（15分）

T　グループの代表者の人が，まとめ
　　た意見を書いてください。

　※ホワイトボード機能で，画面上に
　　言葉やフレーズを書かせる。

C　僕たちのグループは「すすんで行動する」とまとめました。

C　私たちのグループは「学校のリーダー」とまとめました。

T　集まった言葉やフレーズから，目標を考えましょう。

C　「学校のリーダーの自覚をもち，すすんで行動する」がよいと思います。

C　「下級生に優しくする」というフレーズも入れたいです。

留意点

・始める前に，一人一人名前を呼んで参加確認を必ず行う。

・アイスブレイクゲームなどを通して，一人一回は発言できる場を設定する。

・ペンはなるべく太いものを使用するように，児童に伝える。

・意思疎通の手段として，普段以上にジェスチャーを使うとよいことを，児童に伝える。

（柳田　俊）

66　みんなで楽しくオンライン食育

[活動名] 各学年の発達段階にあわせた活動を設定する。

　　　　1・2年：チーズせんべいを作って食べよう

　　　　3・4年：手作りバターを作って味わおう

　　　　5・6年：鶏肉チーズ包み焼きにチャレンジしよう

[時　　間] 35～40分程度

[ハード面] ネットワークに繋がったPC，タブレット端末，スマートフォン

[ソフト面] オンラインサービス「Zoom」

[その他] 活動に必要な食材（家族人数分），調理器具

　準備にあたって，事前にお知らせしておく。児童が1人でも準備できるように，動画や写真を使った方法を工夫する。

活動の概要

　「食育」は，生きる上での基本であって，知育，徳育，及び体育の基礎となるべきものである。子どもたちが望ましい食習慣を身につけ，生涯にわたり健全な生活をおくるためには，学校と家庭との連携が欠かせない。そこで，このオンライン食育活動を通じて，家族で料理を一緒に作って楽しむ機会を作り，家族がふれあうことで絆を深め，さらにクラスの友だちやその家族と交流することで地域の活性化ができるような活動を設定した。

活動の流れ（ここでは，1・2年生と5・6年生の活動を取り上げる。）

【1・2年生：チーズせんべいを作って食べよう】

　材料：スライスチーズ（とけるタイプではないもの）

　その他：耐熱皿，ラップ，クッキングシート，電子レンジ，飲み物

1　あいさつ，参加者の紹介，手洗い・消毒，準備物の確認をする（5分）

2　栄養教諭の動作を見ながらいっしょに調理を行う（5分）

3　電子レンジで温めている間（1枚2分×人数）に，調理に関する質疑応答や栄養教諭による食育一口メモ等を紹介する。食べる準備をする（10分）

4　全員揃って試食する。感想等を伝えあいながら交流する（10分）

5　今日の振りかえりをする（5分）

【5・6年：鶏肉チーズ包み焼きにチャレンジしよう】

材料：鶏肉もも切身60g位1切，スティックチーズ1本，塩，こしょう，粉山椒

その他：アルミホイル20cm×15cm1枚，フライパン，なべぶた，フライがえし，使い捨て手袋，飲み物

1　あいさつ，参加者の紹介，手洗い・消毒，準備物の確認をする（5分）

2　栄養教諭の動作を見て，いっしょに調理を行う（7分）

3　フライパンに家族分の包み焼きを入れ，蓋をして焼く（片面7分裏返して7分）。焼いている間に，調理に関する質疑応答や栄養教諭による食育一口メモ等を紹介する。食べる準備をする（15分）

4　全員揃って試食する，感想等を伝えあいながら交流する（8分）

5　今日の振りかえりをする（5分）

留意点

・1回の活動はクラスをグループ分けして，8〜9人程度で行うとよい。または，交流する時間のみグループ分けして活動してもよい。

・活動中はミュート機能を外し，自由に話せるようにする。ただし，調理中に話すのは児童に限り，家族の参加者の発言はなるべく遠慮してもらう。

・衛生管理の観点から，調理中はPC等の画面に触れないように気を付ける。

・手洗い・消毒の方法について事前に指導を行い，衛生管理について共通理解しておくことも食育活動にとって大切である。

（福地香代子）

67　オンライン授業での評価と振り返り

ICT 活用・情報活用能力の視点

　オンライン授業は，各教科の内容について評価するだけでなく，情報活用能力に包含された ICT 活用の視点からも評価をしていくことが重要となる。だが，できた・できないという評価ではなく，活動を通した子どもたちの変容を子どもたち自身に自覚させながら，先生側もできるようになったことを評価していかなければならない。点数化ではなく，総合的な学習の時間や全体の所見などで丁寧に評価を伝えていくことが求められる。

各教科等の内容についての評価

　各教科等については，オンライン授業だから評価軸が変わるわけではなく，今まで通りの方法で評価をしていくことが基本となる。加えて，オンライン授業を実施していくと，提出された課題が教科ごとに並ぶこととなり，子どもたちごとにデータをソートすることで，子どもたちそれぞれごとの「活動の履歴」を見直しやすくなる良さがある。文章作成ソフトで課題提出を続けていけば，テキストデータをベースにテキストマイニングなどを活用して評価をしていくこともできる。

子どもたち自身が自己評価できる良さ

　活動履歴を共有フォルダに残すことで，子どもたち自身も自分が頑張ってきた足跡を見直すことが簡単にできるのが，オンライン活用の良さである。オンライン学習サービスなどには，ログインすることで自分自身の取り組み

や活動履歴を日付ごとの履歴や点数表などで見直すことができる機能がある
ものがほとんどである。つまり，先生の通知表を待たず，子どもたちは自分
の成果と課題を把握することができるわけである。つまり，通知表で何を伝
えるのかが先生側の工夫のしどころであり，先ほども述べたように，子ども
たちや保護者が気づかなかった成長についてしっかり伝えていくことが評価
を充実させるポイントとなる。

子どもたち自身が履歴を見直しやすくするためのファイル名

　活動を進めていくと，様々な形式のデータがつくられていくが，先生側の
データの扱いやすさと，子どもたち自身が履歴を見直しやすくするために，
整理しやすいデータファイル名の付け方などを共通理解としておくと良い。
ファイル名の決まりは学校単位で運用しやすい形式を学校で策定しておけ
ば，学年が上がっても対応が変わらないので子どもたちも先生側も助けられ
る部分がある。もちろん発達段階に応じての対応でよいが，情報活用能力育
成にもつながる部分でありしっかりと扱っていきたい内容である。

> **整理しやすいファイル名の便利なつけかた例**
>
> 出席番号-　作成日時-教科　　-　活動名　　　-　　名前
>
> ## 99-0420- 国語 – 部首調べ – 田中太郎 .pdf

※発達段階に応じて，低学年であれば番号と日付だけのファイル名にする，あるいは半角 – を
　全角のスペースにするなどの配慮が必要となる。

　出席番号を最初につけるのは，共有フォルダ内で自然とファイルがソート
（並ぶ）され管理がしやすいためである。また，出席番号が１桁の場合は，
十の位に「０」をつけて，２番であれば，02とつけると，２のファイルが20
番台に並ぶことを防ぐことが可能になる。続いて，月日－教科－単元名－名
前を添えて，データ形式は PDF で提出するようにしていきたい。

（佐藤正範）

68 子どもたちのために環境も教員もアップデート

どんな環境でも，今できる最善を

　以前から担当クラスで実験的に Zoom を使った授業を行っていたこともあり，筆者が音楽の先生と協力してオンライン授業の提案をすることとなったのが３月下旬。授業は，同僚の先生方や隣接する中学校の先生方にも参観してもらい，どの先生方も子どもたちの笑顔に驚きを隠すことはなく，早速「こんな事ができそう！」と相談をしていた事が印象深かった。朝会をするところから情報共有を進めていき，５月までには各家庭の Web 環境を整え，ほぼ全ての先生がオンライン授業を実施することができた。勤務校も環境は十分に整っていなかったが，先生方が「目の前の子どもたちのための最善」を考え，アイデアを集め取り組んできたからこそ，子どもたちの笑顔を見て手ごたえを感じながら休校期間にチャレンジを続けられたと言える。

　各自治体や学校などによって，学校や家庭の環境は異なるし，様々に超えなければいけないハードルもある（勤務校も様々なハードルがあった）。

　だが，「今できる最善」を，先生方のアイデアと想いで，子どもたちへの具体的なアプローチとして作り上げた勤務校の先生方は，教員としての職責を当たり前に果たしただけだとも言える。そして，オンライン授業の実施までのハードルはいくつもあると思うが，休校対応が落ち着いたとしても，「今できる最善」を考えたときに ICT の力は必ず後押しになるはずである。

道具ではなく内容である

　「チャット機能は使わせない方がいい」「ミュートをしましょう」という先生方の声を聞く事が多く，個人的には残念で仕方がない。同じように考えて

しまう先生方は ICT やオンライン会議ソフト等を，子どもを管理するための道具として捉えている可能性がある。

　筆者はプログラミング教育の研究をしているが，コンピュータは普通に使えば壊れる可能性は非常に低く，正しい命令を与えたときにだけ，正しく動く性質がある。子どもたちには「壊れないから PC にどんどん命令して動かしてごらん」と伝えている。なかなか思い通りに動かない中で，コンピュータが正しく動いた瞬間を子どもたちは見逃すわけもなく，繰り返し確かめながらコンピュータの性質を体得していく。「ICT を活用したオンライン授業自体が情報活用能力という資質能力を育成するための学習内容である」という前提に立つことが重要である。管理するための道具という色眼鏡を外し，子どもたちにコンピュータを委ねれば，本書の全国の先生方の実践例のように，予想もしなかった新しい内容が子どもたちから生まれるはずである。

> から 全員:
> 海外のマイクラ鯖
>
> から 全員:
> マイクラは今関係ない！
>
> から 全員:
> チャットで，授業に関係ない話をしちゃダメ。
>
> から 全員:
> マイクラマイクラうるさい
>
> から 全員:
> しょぼん

活動中の Zoom チャット欄：子ども 3 人による書き込み。新しい内容が生まれた瞬間

先生ではなく，子どもそれぞれが目立つ教育へ

　子どもたちは生まれた時からスマートフォンや iPad などが身の回りにあった世代である。彼らの価値観が将来のスタンダードになるわけであり，その価値観を私たち教員は理解していく必要がある。ICT を活用した学びをつくるとき，専門家はむしろ子どもたちであると言って過言ではない。教育学の現在の学問体系から教授学が無くなって久しいが，「教える」「指導する」「平等」などのキーワードは，個別最適化が求められる中で切り替えが必要なキーワードとなった。名人芸と揶揄されるような，先生が目立つ教育から，子どもそれぞれが目立つ教育へ変わっていくであろうし，支援者・ファシリテーターとしての先生像が一層求められているであろうし，私たち自身が常にアップデートしていける学習者のお手本でありたい。　（佐藤正範）

69 改革を止めるな

教育改革の必要性が，年々声高に叫ばれている。時代の変化に伴って，社会から求められる力を学校は本当に伸ばせているのか。変わる社会と変われない学校の間で，その溝が年々広がってしまってはいないか。文部科学省にとどまらず，多くの有識者が意見交換しながら，よりよい教育のあり方を探っていた。

日本の教育観を刷新しなければいけない。新学習指導要領の全面実施となる2020年度，まさに教育改革元年となるはずであったこのタイミングで，新型コロナウイルスによる全国一斉休校要請。青天の霹靂だった。

教育改革，どこ行った？

休校期間の度重なる延長と長期化に伴い，徐々に公立学校でもオンライン化が進んできている。その中での私の違和感。それは「教育改革，どこ行った？」というものだ。

文部科学省が，これからの学びのあり方を「主体的・対話的で深い学び」と銘打ち，教育観の転換に備えてきたはずだ。ところが今，多くの学校で行われているそれは「受動的・一方向的で浅い学び」となってしまってはいないだろうか。

もちろん，未曾有の状況にあって，苦肉の策であることは理解できる。もしかすると，これから段階的に転換していく

Zoom ギャラリービュー

予定の学校もあるかも知れない。しかし，私から見るとどうしても，世間の声に追い立てられるような形で「これまでの教育」を場つなぎ的に，オンラインにそのまま当てはめようとしているように見えてならない。

今こそ，新たな教育に舵を切る時

この休校期間で，多くの子が「強制されないと学べない」という状況に陥っている。「自ら進んで学ぶ」力を伸ばせていなかったという，これまでの教育の弱点が露呈した結果だ。日本は，諸外国と比べても子供の学習

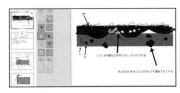

タクト個人ページ

意欲や大人になってからの学習時間が極端に低いという調査結果がある。これを変えていくための教育改革では無かったのか。

あわせて，ICT化の歩みの遅さも今回の大きな打撃の一つだ。何でも諸外国と比べるわけではないが，多くの国ではスムーズにオンラインに移行している。ホームスクーリングなどの制度も含め，そもそも多様性を受容する器の大きさが違う。

今こそ，私たち大人が対話し，新たな教育に舵を切るタイミングなんだと思う。まだ正解の無い課題に向かって，失敗を恐れず挑戦し，作りながら対話を通して考える。問題点が見つかれば修正し，共有財産としながら次の一手を試していく。すべての大人が垣根を越え，手を取り合って「子供たちの未来」という共通目標に向けて連携していく。子供たちに育んでいきたい新しい学力はまさにこうしたものであるはずだし，同じ事をそもそも私たち大人ができないのであれば，これから先も「新しい学力」なんて育めないのかも知れない。

頑張ろう，大人。改革を止めるな。

（蓑手章吾）

70 これからの学校のあり方

Face to Face の教育から，学びの Side by Side へ

①まずは繋がること

　新型コロナウィルス禍によって，我々は予想していなかったスピードで一気にオンライン教育を必須とする社会に突入することになった。デバイスがない，ネットワーク環境がない，クラウドで使えるアカウントがない。そんな学校は多かったはずだが，危機感を抱いた学校は企業の力を借りながらアカウントを用意し，家庭にあるスマホでいいからとにかく学校と児童との繋がりの確保に努めた。スタートはそれでいい。高度なことはできなくて構わない。大切なのは双方向性を確保することなのだから。でも，その先はどうだろう。我々はいったいどこを目指すべきなのだろう。

②はじめの一歩

　オンライン教育の開始にあたってしばしば推奨されるのが「オンライン朝の会」である。PC の画面に子どもたちの顔がずらっと並び，先生の呼びかけに子どもたちが答える姿は確かに「絵になる」。子どもたちの様子が確認できる。子どもたちも友だちや先生の顔を見られて嬉しい。それで一日を始められれば生活のリズムも作れる。いいことばかりのようだ。だが，それはオンライン教育のはじめの一歩にふさわしいだろうか？　私はそうは思わない。まず環境が揃っていないとできない。技術的なハードルもけっこう高い。学校の先生には頑張ってもらうとして，現実的には家庭でのサポートが必要な場合が多いだろう。それを家庭に押し付けていいのか。それと，子どもたちは本当に全員が喜んで参加しているだろうか。顔を映そうとしない子がいるのはなぜか，アクセスしてこない子がいるのはなぜか。学校はもう少し考えた方がいい。

③ Face to Face の教育から，学びの Side by Side へ

　しかし，それ以上に考えた方がいいと思うのは「オンラインなのに，なぜオンサイトの学校でやっていることと同じことの再現を目指すのか」ということだ。学校であれば，教師が一声「こちらを向きなさい」と言えば，それで子どもたちは教師の方をパッと見るかもしれない。だが，オンラインでは「うるさいこと言ってるなぁ」と思ったらカメラをオフにすればいいのだ。オンラインとオンサイトでは，教師と子どもの力関係は全く違ってくる。

　今まで我々は Face to Face の環境を普通だと思っていた。皆が一堂に会し，教師と子どもが向き合う関係を特別なものだなんて，これっぽっちも思わなかった。だが，それは今やとても特別で得難いものになってしまった。オンラインで似たようなことをやっているつもりでも，再現しきれるものではない。では，どうすれば良いのか。

　オンラインの特性を生かしたこと，もっと言えば，オンラインだからこそできることを目指した方が良い。学校で，教師が一人一人の子どもに声をかけ，話を聞いたりする時間を十分に取ることは，正直なところ，かなり難しいというのが実状だろうと思う。子どもはたくさんいるのに教師は一人，時間は有限。どうしたって一人一人にかけられる時間は限られてくる。

　オンラインではどうか。45分間，ずっと繋ぎっぱなしの授業を一日中行うなら無理だろうが，ブリーフィングと課題の確認だけして，後は子どもたちのペースで学ばせ，教師は必要に応じてそのサポートに回る，という形を取れば，時間的余裕はかなり出てくる。その時間を使って一人一人の子どもに寄り添っていくことが，オンラインだからこそできるはずだ。

　そのために教師は態度を改めるべきだ。これまでの Face to Face の教育をオンラインで無理やり行うことはきっぱりと諦め，子どもたちの学びに Side by Side で寄り添うようなスタイルを取る。それこそがオンライン教育時代の教師に求められる態度だろう。

　「Face to Face の教育から，学びの Side by Side へ」というのが，オンライン教育時代の学校改革のキーワードだ。　　　　　　　　　　　（鈴木秀樹）

索引 INDEX

【執筆者紹介】（執筆順）

佐藤	正範	東京学芸大学附属竹早小学校
佐藤	牧子	東京学芸大学附属小金井小学校
田岡	朋子	東京学芸大学附属竹早小学校
小池	翔太	千葉大学教育学部附属小学校
五木田洋平		開智学園開智望小学校
蓑手	章吾	東京都小金井市立前原小学校
金	洋太	宮城県登米市立佐沼小学校
鍋谷	正尉	東京都渋谷区立千駄谷小学校
田中	萌	埼玉県川越市立新宿小学校
瀧ヶ平悠史		北海道教育大学附属札幌小学校
石井	康友	新渡戸文化小学校
元木	一喜	株式会社 LITALICO
鴻巣	敬	東京学芸大学附属世田谷小学校
曽根	朋之	東京学芸大学附属竹早小学校
加藤	朋生	宝仙学園小学校
桑野有加子		宝仙学園小学校
岡田	堯彦	埼玉県さいたま市立大門小学校
桐山	卓也	東京学芸大学附属竹早小学校
沼尻	淳	新渡戸文化小学校
久保田旬平		早稲田実業学校初等部
高須みどり		東京学芸大学附属竹早小学校
西條	俊介	北海道教育大学附属旭川小学校
上野	敬弘	東京学芸大学附属竹早小学校
和氣	拓巳	埼玉県狭山市立柏原小学校
村上	雅之	北海道札幌市立北九条小学校
德富	健治	東京学芸大学附属竹早小学校
幸阪	創平	東京学芸大学附属竹早小学校
西本	有希	北海道教育大学附属札幌小学校
木村	優里	東京学芸大こども未来研究所
鈴木	秀樹	東京学芸大学附属小金井小学校
平山	秀人	東京学芸大学附属竹早小学校
金田	知之	東京学芸大学附属竹早小学校
宮田	諭志	東京学芸大学附属竹早小学校
永末	大輔	千葉大学教育学部附属小学校
中村	亮太	東京都三宅村立三宅小学校
本村	徹也	千葉大学教育学部附属小学校
中村	柾	千葉県松戸市立小金北中学校
柳田	俊	東京都文京区立駒本小学校
福地香代子		東京学芸大学附属竹早小学校

【編著者紹介】

佐藤　正範（さとう　まさのり）

1976年北海道札幌市生まれ。東京学芸大学附属竹早小学校教諭／東京学芸大こども未来研究所学術フェロー。北海道教育大学札幌校教育学部卒業。北海道大学大学院教育学院修士課程修了。教育学修士。札幌市立小学校教諭，札幌国際芸術祭2014テクニカル，北海道大学オープンエデュケーションセンター，札幌市創造都市さっぽろのエデュケーターを歴任。現在は現職を勤める傍ら，小学校教員のためのプログラミング教育勉強会，STEMersFES を主催し，教育実践共有サイト CREDUON ではプログラミング教育に関するキュレーターを勤め，各自治体におけるプログラミング教育の導入研修の講師として各地を回る。主たる研究テーマは，小学校におけるプログラミング教育，STEM 教育，情報活用能力の育成。

70の事例でわかる・できる！小学校オンライン授業ガイド

2020年9月初版第1刷刊	©編著者	佐　藤　正　範	
2020年9月初版第2刷刊	発行者	藤　原　光　政	
	発行所	明治図書出版株式会社	

http://www.meijitosho.co.jp
（企画）木山麻衣子（校正）丹治梨奈
〒114-0023　東京都北区滝野川7-46-1
振替00160-5-151318　電話03(5907)6702
ご注文窓口　電話03(5907)6668

＊検印省略　　　　　組版所 藤 原 印 刷 株 式 会 社

本書の無断コピーは，著作権・出版権にふれます。ご注意ください。

Printed in Japan　　　　　　ISBN978-4-18-343411-1

もれなくクーポンがもらえる！読者アンケートはこちらから